D1868627

Krista Mertens

Körperwahrnehmung und Körpergeschick

Psychomotorische Entwicklungsförderung — Band 4

Krista Mertens

Körperwahrnehmung und Körpergeschick

verlag modernes lernen - Dortmund

5. Aufl. 1999 (11.-12. Tsd.)
Herstellung: Löer Druck GmbH, 44139 Dortmund

Fotonachweis:
Löser, Cherek, Jansen, Lemp, Lindemann, Mertens, Purnhagen, Rösel, Warm

Bestell-Nr. 1107 ISBN 3-8080-0260-3

Inhaltsverzeichnis

Vorwort des Herausgebers

Es ist das erklärte Ziel dieser Buchreihe, Eltern sowie pädagogischen und therapeutischen Fachleuten, denen die gesunde Entwicklung der Kinder am Herzen liegt, gezielte Anregungen zur Entwicklungsförderung zu geben. Es besteht heute kein Zweifel darüber, daß der Bewegungs- und Wahrnehmungserziehung größte Bedeutung für eine harmonische Persönlichkeitsentwicklung unserer Kinder zukommt, und das um so mehr, je jünger sie sind.

Mit dem Ausdruck Psychomotorik wird auf die enge Verflochtenheit, ja Identität seelischer und körperlicher bzw. motorischer Prozesse und Funktionen hingewiesen. Man beginnt heute allmählich zu begreifen, daß Körper und Seele nur zwei unterschiedliche sprachliche Begriffe für die unteilbare Ganzheit des Menschen sind. Innerseelische Prozesse wie Stimmungen, Gefühle, Affekte kommen erst über den Körper, über die Gestik, Mimik und Pantomimik, alles das, was man als ,,Körpersprache'' zusammenfaßt, zum Ausdruck.

Auch der Prozeß der Ich-Findung ist im frühen Kindesalter zunächst ein vorwiegend leiblicher Erfahrungsbereich. Ein kleines Kind empfindet viel körperlicher als wir Erwachsenen. Es lebt in seinem Körper, ja es **ist** sein Körper. Sein Ich-Erleben ist zu Anfang ein ganzheitliches, an den Körper gebundenes. Die Zwiesprache, die ein Säugling mit seiner Mutter während des Fütterns oder beim Baden hält, geschieht über den körperlich-muskulären Ausdruck in Art eines leiblichen Dialoges.

In dieser hautnahen leiblichen Zwiesprache wird schon beim Baby der Grund gelegt für sein Ich-Bewußtsein, seine Ich-Identität. Je sicherer und vertrauensvoller es sich körperlich-seelisch in seiner Umwelt geborgen fühlt und je mehr es als Persönlichkeit durch seine Eltern angenommen und bestätigt wird, desto positiver wird sein Selbstbild sein. Wie wichtig ein solches Gefühl vom eigenen Wert ist, belegen zahlreiche wissenschaftliche Untersuchungen. Danach ist das (positive) Selbstwertgefühl entscheidend für die gesamte Persönlichkeitsentwicklung und Lebensbewältigung des Menschens.

Die Autorin dieses Bandes, die schon mit einer Reihe praxisnaher Publikationen hervorgetreten ist, versucht Eltern und Erziehern anhand vieler Beispiele in ganz alltäglichen Lebenssituationen aufzuzeigen, was man alles zum Aufbau einer positiven Körper- und Selbstwahrnehmung, aber auch zur Verbesserung des Körpergebrauchs und der Körperkontrolle tun kann. Es geht ihr hier keineswegs um ,,Übungen'', die erklärt, vorgeführt und von den Kinden nachgemacht werden sollen. Dieses Buch will lediglich Anregungen für eine lustbetonte Entdeckung des eigenen Körpers und seiner ungeahnten Möglichkeiten geben. Dabei ist es jedem Benutzer selbst überlassen, aus der Vielfalt der beschriebenen Lernbeispiele die für das betreffende Kind oder die betreffende Kindergruppe motivierendsten auszuwählen. Die mit ungefähren Altersangaben versehene Gliederung in verschiedene Lernbereiche soll dem Leser die Auswahl erleichtern.

Frankfurt, im Januar 1985 — Prof. Dr. Ernst J. Kiphard

Einführung

In der Reihe Psychomotorische Entwicklungsförderung von J. Kiphard liegt hiermit ein Band vor, welcher sich mit einem grundlegenden Bereich der Förderung des Kindes über Bewegung und Wahrnehmung befaßt.

Helga Sinnhuber hat in Band 5 OPTISCHE WAHRNEHMUNG UND HANDGESCHICK bearbeitet. Das vorliegende Buch schließt sich dieser Entwicklungsreihe an. Nach der Geburt tritt das Kind vor allem über den Berührungs- und Geschmackssinn, aber auch über Geruch, Ohr und Auge mit der Außenwelt in Kontakt. Es selektiert seine Eindrücke, d.h. es lernt, deutlich erkennbare Gegensätze zu unterscheiden. Helga Sinnhuber hat in Band 4 das visuelle Erkennen, Zuordnen sowie den Umgang mit Materialien beschrieben, wobei auch das taktile Empfinden eine Rolle spielt.

Dieser Band 4 KÖRPERWAHRNEHMUNG UND KÖRPERGESCHICK greift die Berührungsempfindung von Band 5 auf und wendet sich dann immer mehr der großräumigen und ganzkörperlichen Bewegung zu. Bei diesen Überlegungen bleibt nicht unberücksichtigt, daß gerade die pränatale (vorgeburtliche) Psychologie und Medizin in den letzten Jahren an Bedeutung gewonnen hat. Ab dem zweiten Schwangerschaftsmonat kommt es schon zu empfindlichen Reaktionen des Fötus auf Außensignale. Das ungeborene Kind zeigt ein unruhiges Bewegungsverhalten bei Lärmbelästigung und hektischen Rhythmen, beruhigt sich aber z. B. bei Barockmusik, Es dreht und wendet sich im Mutterleib, lutscht am Daumen, wodurch die ersten komplexen Bewegungsmuster aufgebaut werden. Diese Erfahrungen werden nach der Geburt mit den Eindrücken der Außenwelt verbunden, werden ihr angepaßt und verfeinert, bis schließlich ein selbständiges Lebewesen herangewachsen ist. Der natürliche Entwicklungsverlauf des Kindes findet in der Anordnung der Förderbereiche in diesem Buch seine Berücksichtigung. Der Säugling, das Kleinkind, der Behinderte auf der ersten Lernstufe spielt mit seinem Körper. Über Hautreizungen mit vielseitigem Material sammelt das Kind Erfahrungen und lernt zu unterscheiden. Durch Schaukelbewegungen, Hin- und Herdrehen und Auf- und Abwippen wird ebenso das vestibuläre System im Innenohr herausgebildet. Es regelt den Gleichgewichtssinn, sorgt für die Harmonie der Bewegung und hat Einfluß auf das Gefühlsleben des Menschen.

Dabei sollen sich die Erfahrungen des Kindes nicht nur auf **einen** Bewegungsraum beschränken. Der Garten, die große Wiese, das Feld, der Wald, der Strand, das Wasser, die große Halle, Menschengetümmel u. v. m. lassen immer wieder neue Eindrücke aufkommen, die sich das Kind zu seinem Bild zusammensetzt und die für seine gesunde Entwicklung nötig sind. Selbstverständlich ist im frühen Kindesalter in jeder Lernphase die Körperwahrnehmung mit beteiligt. Später allerdings, zumal bei Jugendlichen und Erwachsenen, verliert dieses Lernen über den Körper und die Handlung zugunsten eines mehr theoretischen, abstrakten Lernens, zunehmend an Bedeutung. Das Kind jedoch lernt zunächst nur über seinen Körper. Es erkennt sich selbst in seinem Körper, lernt die Bezeichnungen und die Beziehung der Körperteile untereinander kennen und verstehen. Es erhält eine Vorstellung von der Lage des Körpers im Raum und erfaßt die räumlichen Beziehungen. Dabei bildet sich das ,,Körperschema'' heraus, welches eng mit der akustischen und optischen Wahrnehmungsfähigkeit verbunden ist.

Mit zunehmendem Alter lernt das Kind, seinen Körper zu beherrschen und sich den Gegebenheiten der Umwelt anzupassen bzw. sich diese zunutze zu machen. Dem jungen Menschen macht es Freude, seinen Körper in seine Gewalt zu bekommen. Er dreht, wälzt und rollt sich auf dem Untergrund, er möchte auf verschiedenen Ebenen kriechen: über den Teppich, die Matratze, den Rasen, die Treppe hinauf. Er versucht es schnell, verharrt plötzlich, dreht sich. Das Kleinkind möchte, sobald es aufrecht stehen kann, immerzu laufen. Es verfeinert diese Bewegungsfertigkeit und wippt in den Knien auf und ab, hüpft mit beiden Beinen, balanciert und springt.

In unterschiedlichen, vor allen Dingen natürlichen Geländeformen: Rasen, Sand, Wasser, unebener Untergrund u.ä.m. bildet sich seine Bewegungssicherheit heraus. Alle bislang gespeicherten Erfahrungen, die anfangs noch wenig Bezug zueinander hatten, werden miteinander verknüpft und in Beziehung gesetzt. Durch diese entwicklungsgemäß aufgebaute Förderung können die Wahrnehmungseindrücke in Verbindung mit dem Bewegungserleben zu einem harmonischen Bewegungs- und Persönlichkeitsbild zusammenwachsen. Die Bewegungsformen verfeinern sich, das Kind wird zunehmend geschickter und auch in seiner Persönlichkeit ausgereifter. Es bildet sich die Individualität mit speziellen charakteristischen Eigenschaften heraus. In der Folge strukturieren sich Begriffsverständnis und Sprache. (vgl. Band 6: AKUSTISCHE WAHRNEHMUNG UND SPRACHE). Das Kind gewinnt durch das Bewußtsein, seinen Körper zu kennen, ihn zu verstehen und zu beherrschen, an Selbstbewußtsein. Es kann ihn lenken und hat ihn „im Griff". Dadurch gewinnt es auch an Zeit und Raum, um sich ungehindert der Außenwelt zuzuwenden. Vor allen Dingen kann es sich jetzt auf andere Personen einstellen, auf sie zugehen, sich ihnen zuwenden und sie besser verstehen (vgl. Band 7: SOZIALE WAHRNEHMUNG UND KOMMUNIKATION). Das bewußte Zugehen und Eingehen auf Mitmenschen hat jedoch die Kenntnis von und Beherrschung des eigenen Körpers als Voraussetzung.

Die KÖRPERWAHRNEHMUNG ist zunächst ein physiologischer Vorgang, wobei es durch das Berührungsempfinden und die Aufnahme von akustischen und optischen Reizen zu Verbindungen in den Nerven- und Muskelzellen kommt, die unsere Handlungs- und Bewegungsabläufe regeln und steuern. Dieser Wahrnehmungsprozeß ist außerdem eng gekoppelt mit geistigen Prozessen, mittels derer die Tast-, Hör-, Seh-, Geschmacks-, Geruchs- und Gleichgewichtseindrücke erkannt, begriffen und verstanden werden. Über die Bewegung baut sich das Kind seine Welt auf, es gewinnt Zusammenhänge und logische Strukturen, es beginnt handlungsfähig und selbständig zu werden.

Die Motorik wirkt jetzt kontrolliert und beherrscht, auch präzise Bewegungen können wiederholt ausgeführt werden. Das KÖRPERGESCHICK beinhaltet eine gute Koordination, Konzentrations- und Willenskräfte und eine gewisse ausgewogene körperliche Verfassung, die das harmonische und ökonomische Wechselspiel von Muskeln, Nerven und Sinnen zuläßt. Auf neue Umweltreize reagieren solche Kinder spontan und situationsgerecht. Sie passen ihre Bewegungen einer unbekannten Aufgabe sofort an und verhalten sich in ihrer Motorik ökonomisch. Selbstverständlich werden diese Eigenschaften erst mit zunehmendem Alter entwickelt.

Dieses Buch soll für Eltern und Erzieher eine Orientierungshilfe sein. Es wurde berücksichtigt, daß ein Kind sich auch ohne ständige Anleitung und Führung entwickeln muß. Deshalb sind die Altersangaben für den Beginn eines gezielten Übens nur Richtmaß und liegen meist ein bis zwei Jahre über dem Alter, wo ein Kind normalerweise bereits solche Bewegungsaufgaben von alleine auspobieren und mit seinen Kontaktpersonen spielen und üben würde, um Zeit und Raum für die natürliche Entwicklung ohne Einflußnahme zu geben. Die Auswahl der Förderschwerpunkte sollte möglichst dem motorischen Entwicklungsstand des jungen Menschen angemessen sein. Hat das Kind z. B. noch kein räumliches Vorstellungsvermögen entwickelt, können noch keine Übungen zum Zielen und Treffen ausgewählt werden. Viele hier beschriebenen Vorschläge entspringen dem natürlichen Bedürfnis des Kindes. Es kommt von allein darauf, wenn man ihm nur Zeit und Raum für eigenes Handeln läßt.

Bewältigt das Kind eine bestimmte Bewegungsaufgabe noch nicht, so dürfen die Betreuer nicht ungeduldig werden. Man sollte sich überlegen, ob nicht etwa äußere Umstände, z. B. eine gereizte Stimmung, eine reizüberflutete Umgebung, zu viel Lärm, zu viele Personen, zu viele Geräte, Müdigkeit, eine bestimmte Krankheit oder auch eine organische Schädigung die Ursache für Mißerfolge sein könnten (vgl. S. 127 ,,Da ist doch etwas nicht in Ordnung'').

Schon Kleinkinder werden heute mit audiovisuellen Medien so einseitig belastet, daß es zu Störungen kommt, deren Folgen wir heute nur erahnen können. Das Kind benötigt die Bewegung zur gesunden Entwicklung, um der Isolation zu entgehen und offen zu sein für sich und die Bedürfnisse anderer.

In den nachfolgenden Förderschwerpunkten wird auf bereits bekannte Übungsvorschläge verwiesen, die in einer neuen Situation, in anderer Umgebung, mit unbekannten Geräten, abgewandelt die dort aufgezeigte Lernsituation wiederholen. Die praktischen Beispiele sollen ab- und umgeändert, Übungssequenzen herausgenommen und zu neuen Förderschwerpunkten zusammengesetzt werden. Viele Geräte stammen aus der Lebenswelt des Kindes. Es finden aber auch psychomotorische Übungsgeräte Berücksichtigung, die das Kind besonders stark ansprechen und zum Bewegen-Wollen anregen.

Alle in diesem Buch beschriebenen Lernsituationen wurden aus der Beobachtung und praktischen Arbeit mit Kindern entwickelt. Auch Studenten und Erzieher in der Fortbildung gaben mir viele Anregungen. Mein besonders herzlicher Dank gilt Waltraud MEUSEL, die die kleinen Melodien und Liedverse für dieses Buch komponiert hat. Für die Gestaltung und Zeichnungen konnte ich Bernd GRÄSSLER gewinnen, der mit Freude diese Aufgabe ausgeführt hat. Seit Jahren arbeitet Friedel LÖSER als Fotograf an meiner Seite. Er hat den Blick für die passende, natürliche Situation. Die meisten Aufnahmen in diesem Buch stammen von ihm — ganz herzlichen Dank. Schließlich sei noch Edith LINZ erwähnt, die beim Tippen der Arbeit Ergänzungen und manchen kritischen Gedanken einbrachte.

Die Arbeit an dem Buch hat mir viel Spaß gemacht. Mögen Eltern und Erzieher ebenso Freude an den Übungen haben. Ich möchte dazu beitragen, daß nicht nur im Elternhaus und in der Therapie mit diesem Buch gearbeitet wird, sondern, daß auch Pädagogen in den Kindergärten und vor allem in der Grundschule diese ganzheitliche Entwicklungsförderung über Bewegung anwenden.

Nürnberg, April 1985 — Dr. Krista Mertens

Weiterführende Literatur zur Entwicklung des Kindes

ASCHMONEIT, W.: Motorik und ihre Behinderungen im Kindes- und Jugendalter. Frankonius-V., Dornburg-Frickhofen 1974.

AYRES, A. J.: Bausteine der kindlichen Entwicklung. Springer-V., Berlin, Heidelberg, New York, Tokio 1984.

BERGER, E.(Hrsg.): Teilleistungsschwächen bei Kindern. Huber-V. Bern 1977.

BERTRAND, L.: Die Entwicklung des Raum-Zeit-Begriffs beim Kind. In: Z. Motorik. 5. Jg.(1982), H. 4, S. 136-142.

BIERMANN, G. (Hrsg.): Handbuch der Kinderpsychotherapie. Bd. IV. Reinhard-V., München, Basel 1981.

BOWER, T.: Die Wahrnehmungswelt des Kindes. Klett-Cotta-V., Stuttgart 1981.

FROSTIG, M. / MÜLLER: Teilleistungsstörungen. V. Urban u. Schwarzenberg München, Wien, Baltimore 1981.

CLAUSS, A. (Hrsg.): Förderung entwicklungsgefährdeter und behinderter Heranwachsender. perimed-V., Erlangen 1981.

COLLATZ, J./FLATZ (Hrsg.): Geistige Entwicklungsstörungen. Huber-V., Bern, Stuttgart, Wien 1976.

DOMAN, G.: Was können Sie für Ihr hirnverletztes Kind tun? Hyperion-V., Freiburg 1980.

ELSCHENBROICH, P: Kinder werden nicht geboren. päd. extra, Frankfurt/M 1977.

HAHN, E. / KALB / PFEIFFER (Red.): Kind und Bewegung. Hofmann-V., Schorndorf 1977.

HEESE, G. (Hrsg.): Rehabilitation Behinderter durch Förderung der Motorik. Marhold-V., Berlin 1975.

HERZKA, H. S.: Das Kind von der Geburt bis zur Schulreife. V. Schwab u. Co, Basel 1978.

HETZER, H. u. a. : Angewandte Entwicklungsspsychologie des Kindes- und Jugendalters. V. Quelle u. Meyer, Heidelberg 1979.

KANTER, G. O. / SPECK (Hrsg.): Handbuch der Sonderpädagogik. Bd. 4. Pädagogik der Lernbehinderten. Marhold-V., Bd. 6. Berlin 1977.

KIPHARD, E. J.: Bewegungs- und Koordinationsschwächen im Grundschulalter. Hofmann-V., Schorndorf 1976.

KIPHARD, E. J.: Unser Kind ist ungeschickt. Reinhardt-V., München, Basel 1984.

KIPHARD, E. J.: Bewegungsdiagnostik bei Kindern. Flöttmann-V., Gütersloh 1978[2].

KIPHARD, E. J. / FRÖHLICH: Die Bedeutung einer systematischen Sensibilisierung der Lage- und Bewegungsempfindung für die Entwicklungsförderung. In: Z. Krankengymnastik. 33. Jg.(1981), H. 8, S. 479-484. H. 9, S. 570-576.

MERTENS, K.: Koppelt die Schule die Sinne ab? In: Z. Praxis der Psychomotorik. 7. Jg. (1982), H. 1, S. 8-20.

MORRIS, D.: Der Mensch mit dem wir leben. Droemer-Knaur-V., Zürich 1982.

MÜLLER, H.-J. / DECKER / SCHILLING (Red.): Motorik im Vorschulalter. Hofmann-V., Schorndorf 1975.

NEUHÄUSER, H.: Entwicklungsneurologische Grundlagen von Bewegungsverhalten und Körperschema. In: Z. Motorik. 7.Jg. (1984), H. 4, S. 153-156.

SCHWERDT, D.: Vorschulerziehung. Grundlage — Ziele — Förderungsbereiche, Schöningh-V., Paderborn 1975.

STENDLER-LAVATELLI, C.: Früherziehung nach PIAGET. Reinhardt-V., München, Basel 1976.

SZAZS, S.: Körpersprache der Kinder, G. Lübbe-V., Bergisch-Gladbach 1979.

ZIMMER, K.: Das Leben vor dem Leben. In: ZEIT-Magazin: Das einsame Kind — Der sanfte Weg ins Leben. Nr. 15 u. 16 v. 14./21. 4. 1978.

1 Körperwahrnehmung
Altersgruppe ab: 1. Tag

Medien: *Seile*
Schaukeln
Hängematte

Förderschwerpunkt: *Wahrnehmung der Raumlage*

Die Kenntnis der Muskel-, Nerven- und Sinnesfunktionen, die Bezeichnung der einzelnen Körperteile sowie die Fähigkeit, isolierte Bewegungen auszuführen, sind Voraussetzungen, um seinen Körper an die Umweltgegebenheiten anzupassen. Neben dem Aufbau eines Körperbewußtseins muß das Raumgefühl entwickelt werden. Unser Gleichgewichtssinn im Innenohr, das sog. vestibuläre System, verarbeitet Auf- und Abwärtsbewegungen, Drehbewegungen, Schaukelbewegungen und stellt eine Verbindung zwischen visuellen, taktilen und propriozeptiven Reizen (der Organe untereinander) her. Über Dreh- und Schaukelbewegungen wird das kinästhetische Empfinden verstärkt, d. h. körpereigene Lage-, Bewegungs- und Muskelspannungswahrnehmungen können stimuliert werden. Ebenso werden die Raumlageveränderungen empfunden und können den Begriffen ,,oben/unten, vorn/hinten, rechts/links" zugeordnet werden.

Lernsituation: *Anregung des vestibulären Systems.*
Kontrolle der einzelnen Körperteile zueinander.

Schaukeln und Wiegen sind natürliche Bewegungen, die ein Kind bereits im Mutterleib erfährt. Sie beruhigen und bringen es in einen Ausgleichzustand. Wir haben es also mit einer natürlichen Situation zu tun, die bei den Kindern sehr beliebt ist. Es gibt inzwischen viele Geräte, die anregen, wie Schaukel, Wippe, Trampolin, Wiege, Hängematte, Schaukelstuhl bzw. -korb usw. Handwerklich geschickte Eltern bauen auch solche Geräte selbst, wie an Federn aufgehängte Bretter, Schaukelwannen und -tonnen. Auf der untersten Entwicklungsstufe sollten solche schwingenden Materialien eingesetzt werden, die nicht zu unruhige Bewegungen hervorrufen. Für den Säugling sind behutsame Wiegebewegungen angebracht, während ältere Kinder bereits das Gefühl des Fliegens erspüren möchten. So eignen sich die ersten Übungen nur für den Säugling. Die hastigeren Auf- und Abbewegungen verträgt erst das Kleinkind.

Übungsvorschläge:

— Das Kind liegt auf den Armen der Eltern und wird leicht hin- und hergewiegt. Es können leichte Drehbewegungen ausgeführt werden. Je älter das Kind ist, desto heftiger möchte es geschaukelt werden. In der Regel wird das Kind die Augen dabei schließen und sich in dieser Bewegung wohlfühlen.

— Das Kind wird auf ein Schaukelbrett gelegt und vorsichtig hin und her bewegt. Ältere Kinder verändern ihre Lage, indem sie sich aus der Bauch- in die Seit- und dann Rückenlage drehen. Auch können sie versuchen, sich während des Schaukelns aus der Bauchlage in die aufrechte Haltung zu stellen.

— Der Erwachsene liegt auf dem Boden und hebt das Kind in die Höhe. Er kann es leicht auf- und abwippen lassen. Das gleiche probiert er im Stand und hebt das Kind vom Boden über seinen Kopf. Gerne wird ein Kind auch an den Eltern emporklettern wollen. Über den Rücken läßt man es langsam wieder hinunterrutschen.

— Ein Kind möchte sich gerne in der Luft drehen. Man kann es in der Körpermitte oder an beiden Armen bzw. Arm und Fuß fassen und in der Luft als Flieger herumschleudern. Auch in einem Schwimmbecken können die Eltern diesen Versuch unternehmen.

— Die Eltern stehen sich gegenüber und werfen sich das Kind vorsichtig zu. Auch diese Übung eignet sich besonders für das Wasser.

— Die Eltern setzen ihr Kind in einen Rucksack und nehmen es auf ihren Wanderungen mit. Das Kind wird sich auch bei Auf- und Abbewegungen und Drehbewegungen besonders wohlfühlen.

— Man setzt das Kind in eine Schaukeltonne, einen Schaukelwürfel oder eine Schaukelwanne und rollt es vorsichtig hin und her. Wenn diese Geräte durchlöchert sind, wird es dem Kind Spaß machen, einzelne Körperteile herausschauen zu lassen, z. B. einen Finger, die Nasenspitze oder Zehen.

— Auf- und abwippende Stühle und Sessel können an großen Metallfedern aufgehängt werden. Sie regen das vestibuläre System an. Aber auch wenn das Kleinkind auf dem Schoß der Eltern sitzt und auf und ab gewippt wird, kann diese Stimulation ausgelöst werden. Kleine Lieder oder Kniereiterverse verstärken das Wohlbefinden.

Es ritt ein Herr zum Schlößli auf einem weißen Rößli,
da sagt der Reiter hopp, hopp, hopp,
das Rößlein läuft Galopp, Galopp.
Rößlein will nicht mehr laufen,
der Reiter will's verkaufen,
da macht das Rößlein trab und wirft den Reiter ab.

Aus: Hildegard Steinmüller, Rätsel für das Vorschulkind, Kniereiterliedchen, Schnellsprechübungen, Abzählreime. Don Bosco Verlag München, 13. Aufl. 1985, den Text: „Es ritt ein Herr zum Schlößli auf einem weißen Rößli . . .“

Die Ziege lief den Berg hinauf, wackelt mit dem Bärtchen.
Sprang ein kleiner Schneider . . . (oder Name des Kindes) drauf
und meint, es wär' ein Pferdchen.

Text: Bärbel Schäfer

Wibbel nicht so

Wibbel nicht,
wibbel nicht,
wibbel nicht so!
Sitz doch mal endlich
still auf dem Po!
Wibbel nicht,
wibbel nicht,
wibbel nicht so!
Wir sind doch nicht im Zoo,
Joh!

Text: Rolf Krenzer, Johannstraße 11, 6340 Dillenburg
Musik: Ludger Edelkötter
aus: MC IMP 1017 — Ich gebe Dir die Hände —

Schon in der Wiege waren wir
manchmal schwer in Form.
Wir flitzten hin und flitzten her,
das war ganz enorm.
Die Mutti lächelt stillvergnügt
und summt dazu das Lied, ja:

Im Kinderhort war's friedlich noch,
bis wir kamen an.
Wir waren heimisch hier im Nu
und gingen feste ran.
Die Schwester ärgert sich oft sehr,
doch tröstend sangen wir, ja:

Auch in der Schule ist es so,
wie es früher war.
Wir waren und wir bleiben so.
Das ist doch sonnenklar!
Doch unser Lehrer hat Humor
und singt mit uns im Chor, ja:

Text und Musik: Trad. Ludger Edelkötter

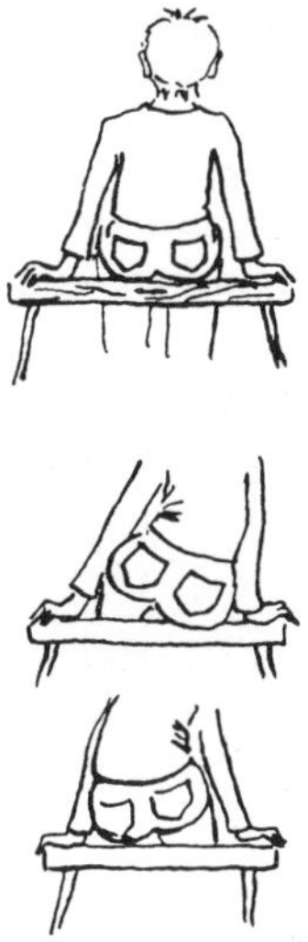

— Das Kind liegt in einer Hängematte und wird hin- und hergeschaukelt. Es soll auch hier die Position gewechselt werden, also die Bauch-, Rücken- und Seitlage. Es kann sitzen oder knien bzw. sich auch im Hockstand an der Matte festhalten. Wenn keine Hängematte vorhanden ist, kann ein Bettuch aufgespannt werden oder eine Decke. Das Kind wird von den Eltern hin und her, auf und ab geschaukelt. Interessant sind die Erfahrungen mit einem Netz (es kann aus Seilen spinnenartig zusammengeflochten werden). Die Kinder ziehen an den Seilenden und halten so das Netz gespannt, auf dem in der Mitte ein anderes Kind liegt. Durch leichte Auf- und Abbewegungen wird das Kind in die Luft geworfen (zur Sicherheit wird eine Matte unter das Netz gelegt).

— An Bäumen sind mehrere dicke Seile oder eine Strickleiter befestigt. Das Kind schwingt an diesen Tauen hin und her. Vielfach eignen sich auch herunterhängende Äste und Baumwurzeln. Für jüngere Kinder können Schaukeln gebaut werden. Schon ein Reifen, an einem Tau befestigt, ist eine einfache Möglichkeit, sich hin und her zu wiegen. Das

Kind fühlt sich geborgen. Es kann in dem Reifen sitzen oder sich auf den Bauch bzw. Rücken über die innere Reifenkante legen.

— Auf Spielplätzen sind vielfach Geräte zu finden, auf denen das Kind auf- und abwippen bzw. nach vorne und hinten schwingen kann. Auch ein Karussell, in dem das Kind sitzt, oder eine Zentrifuge, in der das Kind steht, schulen den Raumlagesinn.

— Spielgerätefirmen bieten große Hüpfbälle an (Kängeruhball). Das Kind kann sich an einem Griff festhalten und hüpft durch den Raum.

— In den Turnhallen findet man in der Regel Taue, Ringe und/oder ein Trapez, an denen die Kinder schwingen und schaukeln können. Stellt man ihnen Kästen und Bälle oder andere Kleingeräte bereit, werden sie von selber auf die Idee kommen, am Trapez zu turnen. Sie schwingen sich von einem Kasten in die Tiefe oder über ihn hinüber. Sie lernen, an den Wendepunkten rechtzeitig umzuschwenken und abzuspringen. Es macht ihnen Freude, auf einem Kasten liegende Bälle während des Schwingens mit den Füßen hinunterzustoßen oder diese zwischen die Beine zu klemmen und sie fortzutransportieren. Erzählt man den Kindern dabei eine Abenteuergeschichte, z. B.: ,,Ein Schleichweg durch den Urwald'', so sind sie besonders stark motiviert.

2 Körpergeschick
Altersgruppe ab: 1 Jahr

Medien: *Geräte zum Hindurchkriechen und -steigen*

Förderschwerpunkt: *Veränderung der Raumlage*
Körperschema und Behutsamkeit

Sobald ein Kind auf allen vieren kriechen kann, sucht es sich Hindernisse. Es möchte sich darin bzw. dahinter verstecken oder auch zurückziehen. Geschlossene Körper, in die das Kind hineinklettern kann, sind Höhlen, in denen es sich in der Regel geborgen fühlt. Bei diesem Hinein- und Heraussteigen übt das Kind sein Körperschema. Es muß sich ducken, wieder aufrichten, hin- und herwenden und geschickt die Auge-Hand- und Auge-Fuß-Koordination in eine Verbindung bringen. Es lernt, seinen Körper den Gegebenheiten anzupassen, sich vorsichtig und behutsam zu bewegen, um nicht anzuecken oder sich auch nicht bemerkbar zu machen. In einer Wohnung sind eine Fülle von Gegenständen zu finden, in die das Kind hinein- und durch die es steigen kann: Stühle, Tische und unter/in Betten, Schränke, Kisten, Teppiche usw. Häufig lesen wir von Unfällen, wo Kinder in Kühlschränke, Tiefkühltruhen und Waschmaschinen hineingeklettert sind und nicht mehr hinaus kamen. Es ist daran zu erkennen, daß man von einem Urbedürfnis des Kindes, in Gegenstände hineinzuklettern, sprechen kann. Im freien Gelände kriecht das Kind unter Büsche, Holzstöße, Höhlen und baut sich selbst mit Naturmaterial solche Verstecke. Wir können die Kinder dazu anleiten, sich geschickter in den engen Behausungen zu drehen und sie sicherer zu durchqueren.

Lernsituation: *Sich durch Hindernisse winden und sie überklettern.*

Möbelstücke, Pappkartons, Schaumgummiteile, Leitern usw. werden für diese Übungen ausgewählt. Der Schwerpunkt liegt bei dem Durchsteigen dieser Geräte, weniger beim Kriechen und Balancieren.

Daß sich die Kinder in den engen Behausungen länger aufhalten, ist selbstverständlich. Mit Geduld müssen die Eltern, vor allen Dingen bei kleinen Kindern, warten, bis das Kind geneigt ist, aus seiner Höhle wieder herauszukommen. Im Freien suchen sich die Eltern solche Hindernisse und achten besonders auf Gefahren, wie z. B. von Holzstößen herunterrollende Baumstämme oder locker sitzende Steinhaufen usw. Benutzt man leicht erhöhte Hindernisse, wie eine Leiter, durch die sich das Kind winden soll, dann muß das Kind allein diese Höhe ersteigen und diese Aufgabe bewältigen wollen. Das Kind darf nicht dazu gezwungen werden. Kommt allerdings der Antrieb vom Kind selber, so ist Überängstlichkeit fehl am Platz.

Übungsvorschläge:

— Das Kind kriecht in der Wohnung unter Tischen und Stühlen, Betten und Sofas hindurch. Die Eltern halten mit dem Kind noch Blickkontakt, d. h. sie kriechen ebenfalls auf dem Boden herum und kommen dem Kind entgegen.

— Die Kinder kriechen unter auf dem Boden liegenden Bettüchern, Decken und Kissen oder kleinen Teppichen hindurch. Dadurch, daß die Materialien nachgeben, werden sie stärker den Eindruck haben, sich in einem beengenden Raum zu befinden, als bei den Möbelstücken oder in Schachteln. Es wird für sie schwieriger sein, die Richtung zu finden. Sollte das Kind Angst haben, kriechen die Eltern neben dem Kind unter dem Tuch. Als Vorübung können die Eltern mit ihrem Kind auf dem Schoß auch unter dem großen Tuch sitzen. Ebenso kann ein kleines Tuch leicht über den Kopf gelegt werden. Die Kinder erspüren den begrenzten Raum, der Kontakt zu dem Erwachsenen gibt ihnen zusätzlich Vertrauen.

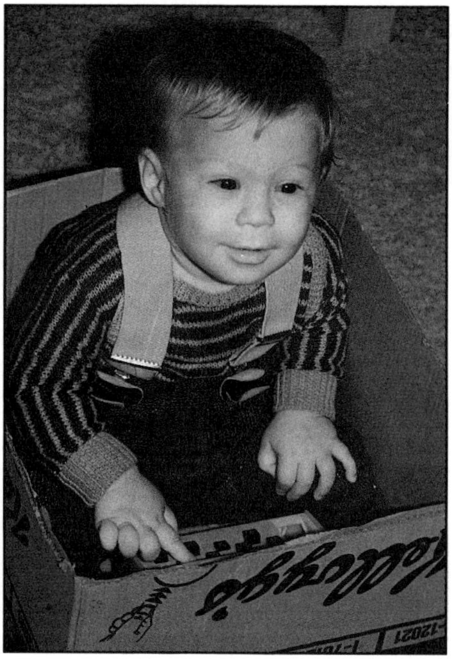

— Von Pappkartons werden Boden und Deckel entfernt. Man verteilt diese Hüllen im Raum. Eltern und Kind kriechen kreuz und quer durch diese Kartons. Sie können auch einmal versuchen, gemeinsam durch einen Karton zu kommen. Diese Übung wird auch in einer Kleingruppe Spaß machen. Mehrere Kinder krabbeln hintereinander, begegnen sich in den Kartons und verstecken sich. Alle Kartonhüllen werden zu einer Röhre aneinander gebaut, und das Kind kriecht durch diesen Tunnel. Hierzu eignen sich auch Teppichrollen oder Betonröhren im Freien.

— Während die Kinder durch die Kartonteile oder die Röhren kriechen, können sie Geräte vor sich herrollen bzw. mitführen. Sie nehmen ihre Puppe oder ihr Stofftier mit, sie rollen einen Ball oder essen auch einen Keks dabei. Ohne daß es ihnen bewußt wird (sie müssen ja Spiel- und Eßgegenstand mitnehmen), können nicht

mehr alle Gliedmaßen auf den Boden gesetzt werden. Sie üben dadurch ihr Körperschema und die allgemeine Geschicklichkeit.

— In die Kartons oder Rollen werden kleine Löcher geschnitten. Während die Kinder durch diese Geräte kriechen, stoppen sie an diesen ,,Fenstern'' ab und schauen hinaus oder strecken einzelne Körperpartien aus diesem Fenster.
Die Eltern sollten bereitstehen und mit dem Kind Kontakt aufnehmen. In einer kleinen Gruppe kann sich daraus ein Spiel entwickeln: die Kinder befinden sich in ihren ,,Häusern'' als Zwerge oder Mäuse, steigen ein und aus, besuchen sich gegenseitig, bringen sich etwas zu essen usw. Auch kleine Märchenstücke eignen sich für ein Rollenspiel.

— Man sucht sich Kartons in verschiedenen Größen aus. Die Kinder üben das Hindurchsteigen durch immer enger werdende Behälter. Ebenso sollten sie das Durchwinden an sich öffnenden und schließenden Gegenständen ausprobieren: Sie versuchen, schnell aus einem Karton zu kommen, bei dem sich der Deckel im Zeitlupentempo schließt, oder durch eine Tür, die langsam geschlossen wird. Sie üben hierbei die Bewegungsvorwegnahme: wie schnell muß ich laufen/kriechen, um nicht eingeklemmt zu werden?

— Das Kind windet sich durch Kartons und bemüht sich, keine Wand zu berühren. Das gleiche kann mit Möbelstücken, Röhren und im freien Gelände erprobt werden. Baut der Erwachsene aus Schaumstoffteilen oder Kissen eine Höhle oder aus mehreren Reifen eine Kugel, so müssen sich die Kinder noch behutsamer bewegen. Bei der leisesten Berührung kann dieses Bauwerk einfallen.

— Mit Gummischnüren oder Seilen wird in einem Raum ein weitmaschiges Netz gespannt. In der Natur bildet man aus sich überkreuzenden Ästen ein solches Hindernis. Die Kinder kriechen von oben in das Gitter hinein, winden sich unter den Seilen/Ästen hindurch und steigen wieder aus. Sie sollen die Schnüre oder Äste nicht berühren. Das gleiche kann mit waagerecht ausgelegten Leitern probiert werden. Die Kinder kriechen durch die Sprossen. Transportieren sie bei diesem Hinein- und Herausklettern noch Geräte, wird die Konzentration besonders stark angesprochen. Kleine Kinder läßt man unter diesem Netzwerk gehen, sie schauen mit dem Kopf oder Oberkörper aus einem Gitter heraus, und die Eltern heben es in das nächste Gitter wieder hinein.

— Auch an waagerecht oder senkrecht stehenden Gittern üben die Kinder ihre Geschicklichkeit. Sie klettern an Leitern, z. B. an der eines Hochsitzes, an einer Haushaltsleiter, einem Klettergitter, einer Sprossenwand, hinauf oder herüber und versuchen, sich durch einzelne Sprossen hindurchzuwinden. Die Eltern halten sich in der Nähe des Kindes auf, nehmen Blickkontakt zum Kind auf und beobachten seine Mimik genau. Ängstliche Mädchen und Jungen bewegen sich von selbst nur in niedrigen Höhen. Bei dem Hinaufsteigen möchte das Kind immer noch die Ansprache der Eltern haben. Man kann es dazu auffordern, einmal zu winken oder mit dem Fuß zu wippen bzw. das Bein aus dem Loch herauszustrecken. Dadurch gewinnt es an Sicherheit und merkt nicht, daß es nicht mehr mit beiden Füßen bzw. Händen an den Sprossen Halt hat. Wenn mehrere Kinder an diesen Sprossen herumklettern, spornen sie sich gegenseitig an und sprechen sich Mut zu. Jedes Kind möchte höher sein als das andere.

— Die Eltern halten einen Reifen waagerecht vor das Kind. Das Kind soll hinein- und heraussteigen, um den Reifen herumlaufen und sich hindurchwinden. Dabei kann der Reifen einmal niedrig, dann wieder höher gehalten werden; man kann ihn während des Hindurchsteigens leicht drehen, so daß das Kind seine Bewegungen dem Gerät anpassen muß.

Besonders reizvoll ist ein Spiel in der Kleingruppe, bei dem sich z. B. drei oder mehr Personen an Stäben angefaßt festhalten. An einem Stab hängt ein Reifen. Dieser wird durch Anheben des Stabes zu dem Nachbarn geschoben, der durch diesen senkrecht hängenden Reifen hindurchsteigen, den Stab aber nicht loslassen darf. Automatisch rutscht der Reifen zu dem nächsten Nachbarn herüber, der wieder durch diesen Reifen steigen muß. Der Reifen wandert in Kreisform von Spieler zu Spieler, die jeweils durch ihn hindurchklettern.

Für ältere Kinder (ca. ab 8 J.) eignet sich die Spielform: der „Gordische Knoten": Die ganze Gruppe steht dicht beieinander und hat die Augen geschlossen. Man streckt erst die eine Hand in die Luft, dann die andere und greift jeweils eine erreichbare Hand irgendeines Mitspielers. Wichtig ist, daß wirklich nur eine Hand gefaßt wird (der Betreuer beobachtet dies). Anschließend werden die Augen geöffnet, die Kinder dürfen ihre Hände aber nicht lösen. Durch Hinübersteigen und Hindurchkriechen lösen die Kinder das „wirre Knäuel" und stehen am Ende zu einem Kreis gefaßt.

3	**Körperwahrnehmung** Altersgruppe ab: 1 Jahr

Medien: *Föhn, Ventilator*
Spiegel, Scheibe
Sich bewegende Geräte:
Mobile, Windrädchen, u. ä.
Blütensamen
Watte, Schaum, Lauge
Kleine Bälle, Kugeln, Federn
Strohhalm, Rohre
Musikinstrumente zum Hineinblasen:
Flöte, Mundharmonika

Förderschwerpunkt: *Bewußte Ein- und Ausatmung*

Atmen ist Leben. Auf eine gesunde Atmung wird in der Regel erst geachtet, wenn etwas nicht ganz in Ordnung ist. Eltern bemerken bei ihrem Kind, wenn es einen ungleichmäßigen Atemrhythmus hat, wenn es z. B. zu schnell oder zu langsam atmet. Sie reagieren, wenn es schlecht Luft bekommt oder wenn es sich verschluckt. Aus der Art der Atmung ist der Gesundheitszustand eines kleinen Kindes abzulesen bzw. zu hören. Auch spiegelt die Art des Atmens die seelische Verfassung eines Menschen wider: Ein Ächzen, Stöhnen oder Schnaufen deutet auf Anstrengung hin. Ein häufiges Verschlucken kann auf Spannungszustände zurückzuführen sein. Häufiges auffälliges Hüsteln kann Ausdruck einer psychischen Labilität sein, die in zunehmender Form zu einer spastischen Bronchitis auswachsen kann. Seelische Konflikte, Probleme im Elternhaus und weiteren sozialen Umfeld führen dann zu chronischen Bronchialerkrankungen, die in jedem Fall medizinische Abklärung erforderlich machen. Die Aufforderung: „Hol' erst einmal tief Luft", spiegelt die Bedeutung einer gleichmäßigen und ruhigen Atmung für das Wohlbefinden des Menschen wider. Vor einer Anstrengung muß der Mensch die Luft anhalten. Die Atempause und das Luftanhalten sind Ausdruck von äußerster Konzentration und Anspannung. Ein ruhiger, langanhaltender, gleichmäßiger Atemzug läßt dagegen erkennen, daß sich der Mensch in einem Ruhezustand befindet. Das Atmen erfolgt bei jungen Menschen zwar unbewußt. Dennoch sollte, insbesondere Problemkindern, die Bedeutung des Atmens in Beziehung zum allgemeinen Wohlbefinden erklärt werden. Es kommt hier nicht nur darauf an, daß das Kind die tiefe Bauch- bzw. Zwerchfellatmung erlernt. Ihm soll darüber hinaus bewußt gemacht werden, daß es über einen gleichmäßigen Atemrhythmus einen seelischen Zustand der Ausgeglichenheit erreichen kann. Ebenso soll das Kind erfahren, daß es durch Blasen bzw. Lufteinziehen etwas bewirken kann: Der Blumensamen fliegt durch Pusten in alle Winde, der Saftbecher wird durch Saugen ausgeleert. Dabei wird es entdecken, daß sich etwas vergrößert, daß es entschwinden oder sich verändern kann. Wenn das Kind seinen Atem lenken kann, gewinnt es wesentliche emotionale Eindrücke. Den Atem, d. h. die Luft auszublasen, bedeutet „etwas von mir geben", Luft einsaugen bedeutet „sich etwas einverleiben". Das Kind erkennt diese Vorgänge dadurch, daß sich seine Bauchdecke senkt und zusammenzieht bzw. sich diese hebt und herauswölbt. Diese bewußte Wahrnehmung von Körpervorgängen und Eindrücken erfaßt das Kind jedoch erst im Vorschulalter.

Lernsituation: *Blasen gegen und in Materialien.*
An- und Aufsaugen von Materialien.

Im Kleinkindalter erlebt das Kind die Luftventilation mehr passiv. Es wird von den Eltern angeblasen, bzw. es spürt einen Luftstrom durch Wind, Türenschließen, Ventilator usw. an seinem Körper. Das Einüben einer richtigen Atemtechnik geschieht unbewußt, indem es an einer Brustwarze oder am Schnuller saugt bzw. an den eigenen Fingern und Zehen lutscht. Erst ab ca. 1 Jahr ist es fähig, Gegenstände durch Blasen selbst zu verändern. Die Eltern und Erzieher achten darauf, daß sich in der Nähe der Kinder Spielmaterialien befinden, die sich leicht bewegen lassen: ein Windrädchen, ein Mobile, kleine Federn usw. können vom Kind ohne große Anstrengung durch Blasen fortbewegt werden. Erst mit ca. 3 bis 4 Jahren lernt das Kind, seine Atmung bewußt zu steuern. Es achtet auf ein ruhiges Ein- und Ausatmen, indem es seinen Bauch beobachtet, und lernt, auch die Luft anzuhalten, wenn es sich unter Wasser befindet. Ein solcher Atemschlußreflex ist in den ersten Lebensmonaten normal, verliert sich aber nach dem 6. Monat. Auch die richtige Blastechnik, z. B. beim Kerze Ausblasen, Pfeifen und Flöten, fällt einem Kleinkind noch schwer und wird in der Regel erst frühestens mit Schuleintritt beherrscht werden können. In der Spielwelt des Kindes befinden sich eine Fülle von Materialien, um das Ein- und Ausatmen zu üben.

Übungsvorschläge:

— Das Kind liegt im Bettchen oder sitzt auf dem Schoß eines Elternteils und wird vorsichtig angeblasen. Es spürt den Atem besonders stark an Wangen, Ohren, Augen und am Hals. Andere Körperteile werden jedoch nicht ausgespart. Als Hilfsmittel können auch ein Föhn bzw. ein Ventilator benutzt werden. Hier kann das Kind auch Temperaturunterschiede erspüren, indem zwischen kalt und warm gewechselt wird. Einige Kinder werden das Blasen in die Augengegend als unangenehm empfinden. Es ist darauf zu achten, daß die nötige Entfernung eingehalten wird.

— Eigene Körperteile eines Kindes, z. B. die Finger, die Hand, der Arm, das Knie oder der Zeh, können mit angenehm schmeckendem Material wie Sirup oder Honig beträufelt werden. Das Kind soll diese Flüssigkeiten ansaugen und ablecken. Es kräftigt damit seine Atemmuskulatur. Gleichzeitig wird der Geschmackssinn geschult, allerdings müssen dann unterschiedlich schmekkende Materialien ausgewählt werden. Das Essen von Spaghetti bzw. Makkaroni wird älteren Kindern besonders Spaß machen, wenn die Aufgabe gestellt wird, die langen Nudeln in den Mund einzusaugen.

— Um das Kind herum befinden sich mehrere Windrädchen. Sie können von den Eltern selber gebastelt werden. Das Kind bemüht sich, alle Räder durch Blasen in Bewegung zu halten. Über die Ruhestelle jüngerer Kinder hängt man ein Mobile in einem geringen Abstand.

Die Kleinen werden motiviert sein, gegen die beweglichen Teile zu schlagen, sollen aber diese auch durch Blasen in Bewegung versetzen.

— Das Kind sitzt auf dem Schoß des Betreuers oder an einem Tisch. Auf der Hand des Erwachsenen bzw. auf dem Tisch liegen mehrere Watteballchen. Das Kind bläst die Watte von der Hand oder über den Tisch. Interessant wird es sein, wenn sich Partner am Tisch gegenüber sitzen und sich die Watte gegenseitig zublasen.

In der freien Natur gibt es eine Fülle von Samenkörnern, die durch Blasen in alle Richtungen zerstreut werden können.

— Das Kind hat häufig die Beobachtung gemacht, wie leichte Teile durch einen Windstoß in die Luft wirbeln. Hier kann es selbst tätig sein und Papierschnipsel, Federn, Blätter, Mehl, Kalkstaub, Gips usw. durch kräftiges Pusten herumwirbeln lassen. Gerne wird es die Gelegenheit benutzen, einen Föhn zu nehmen und mit Hilfe des Gebläses die kleinen Teile in die Luft tanzen zu lassen. Diese Beobachtung des Zerstäubens und Auseinanderfliegens machen die Kinder auch gerne, wenn sie z. B. in Haare bzw. ein Tierfell hineinblasen. Sie erkennen, daß durch das Blasen etwas auseinandergedrückt wird.

Weitere Möglichkeiten bieten sich bei dem Hineinblasen in das Wasser. Das Kind beobachtet die Rundung und das Auseinanderspritzen von Wasserteilen. Sollte es sich gerade in einem Schaumbad befinden, wird es Spaß haben, die Schaumberge durch Blasen zu bewegen.

Ältere Kinder machen diese Erfahrung mit einem Kunstwerk. Sie träufeln Wasserfarben auf ein Blatt Papier und können durch einfaches Blasen, oder indem sie einen Strohhalm benutzen, diese bunten Farben in alle Richtungen zerstäuben lassen.

— Kleine Kinder haben einen besonderen Spaß, wenn sie Kerzen ausblasen können. Stellt man ihnen mehrere Kerzen nebeneinander, lernen sie eine vertiefte Ausatmung, da sie sich bemühen müssen, die letzten Luftreste auszustoßen. Auch ein Umwerfen von Bauwerken, die z. B. aus Karten oder Bausteinen entstanden sind, wird ihnen große Freude bereiten.

— Ältere Kinder blasen kleine Tischtennisbälle oder einen Luftballon vor sich her. Sie kriechen dabei auf dem Bauch oder robben den Boden entlang. Wenn sie mehr geübt sind, können sie versuchen, eine Feder möglichst lange durch Blasen in der Luft zu halten.
(Vgl. auch Kap. „Förderschwerpunkt: . . . Kräftigung der Atmungsorgane" — Schleuderhorn, S. 79.)

Dieses Fortblasen von Materialien ist mit einer besonders guten Koordination von Zunge, Lippen und Zähnen verbunden, wenn die Kinder z. B. üben, einen Kirschkern in möglichst weite Entfernung zu blasen. Als Hilfsmittel dient ein Blasrohr, in das auch Erbsen gefüllt werden können. Jüngere Kinder blasen gegen Seifenschaum. Aus Spülmittel stellen die Eltern oder Erzieher die Grundsubstanz her. Die Kinder tauchen eine Drahtspirale oder eine zu einer Schlange gebogene Flaschenbürste in die Seifenlauge und erzeugen durch kräftiges Pusten in den Ring große Seifenblasen.

— Die Kinder erspüren ihren Atem, indem sie in ihre Hände hauchen, Dabei erkennen sie, daß der Atem auch wärmen bzw. kühlen kann. Im Winter hauchen sie gegen eine beschlagene Fensterscheibe und versuchen, ein Bild durch Blasen zu malen. Auch das Anhauchen eines Spiegels wird für sie zu einem besonderen Erlebnis. Der Spiegel wird trübe, und sie erkennen, daß ein vermeintlich unsichtbarer Atem doch Formen annehmen kann. Diese Erkenntnis machen sie auch beim Aufblasen von Gegenständen, z. B. eines Luftballons oder einer Brötchentüte. Hier werden die Materialien mit ihrem Atem gefüllt. Sie werden größer und können dabei platzen.

— Das Bewußtwerden von Atemfunktionen können Eltern und Erzieher mit Hilfe von Materialien einüben. Man legt dem Kind einen Gegenstand auf seinen Bauch. Das Kind sieht, wie sich z. B. ein Buch oder Baustein durch seinen gleichmäßigen Atemrhythmus hebt und senkt. Auf den Hinweis, daß das Kind den Atem anhalten soll, merkt es, daß eine Ruhe eintritt, die mit Kraftanstrengung verbunden ist. Durch Anspannung der Brust- und Bauchmuskulatur lernt es, seinen Körper zu beherrschen. Diese Übung ist besonders für unruhige Kinder von besonderer Bedeutung. Eine Überaktivität können sie an dem schnellen Auf- und Abbewegen des Gegenstandes auf dem Bauch verfolgen. Der Erzieher leitet diese Erregung in einen konzentrativen Ruhezustand über. Das Kind soll nach einem vorgegebenen Rhythmus (durch Sprache, Musik oder ein Klanginstrument) den Bauch gleichmäßig auf und ab bewegen. Es ist darauf zu achten, daß ein immer länger werdendes Zeitmaß und ein gleichmäßiger Rhythmus eingehalten werden. Durch diese gezielte Atemschulung kann das Kind in einen ausgeglichenen Entspannungszustand geführt werden.

(Vgl. auch Kap. „Förderschwerpunkt: Körperbewußtwerdung", S. 48.)

— Das Kind liegt auf dem Boden oder auf einer Matratze oder sitzt entspannt auf einem Hocker. Es versucht, mit seiner Atemluft verschiedenartige Töne hervorzubringen. Dabei kann es stoßweise den Atem einziehen oder herauspressen und lernt, daß diese Technik mit Anstrengung verbunden ist, sie aber viel Spaß macht, wenn sie rhythmisch-musikalisch eingekleidet wird.
Ebenso wird das Kind dazu angeregt, herzhaft und kräftig zu lachen, was sich wiederum positiv auf den Atemausstoß auswirkt.

— In einem Becher oder Glas befindet sich eine Flüssigkeit. Das Kind saugt diese an und soll das Getränk mit kleinen Schlucken einziehen. Wenn es einen Strohhalm dazu benutzt, wird es die Flüssigkeit kräftiger ansaugen müssen. Besonders lange, zu Spiralen gedrehte Strohhalme kräftigen die Mund- und Atemmuskulatur. Ein intensives Lutschen von Bonbons (möglichst ungezuckert) kräftigen die Mundmuskulatur, was wiederum Voraussetzung ist für ein richtiges Einatmen. Mit einem Stohhalm oder größeren Rohr werden Flüssigkeiten oder auch kleine Bälle und Kugeln angesaugt und in den nächsten Behälter transportiert. Gerne spielen die Kinder hier mit einem Schleuderhorn, saugen einen Tischtennisball an und geben ihn einem Partner weiter, der ihn durch Ansaugen übernehmen und weitergeben muß. (Vgl. S. 82)

— Die Kinder erzeugen Töne, indem sie kräftig singen oder pfeifen. Ebenso können sie auf einem Grashalm blasen oder in einen mit Pergament eingeschlagenen Kamm. Hier spüren sie besonders die Vibration der Luftströmung. Auch das Blasen in kleine Instrumente wie Sirene, Mundharmonika, Wasserpfeile, Trillerpfeife, Papierschnecke, Flöte oder Horn fördern die Ein- und Ausatmung.

4 Körperwahrnehmung
Altersgruppe ab: 2 Jahre

Medien: *Handschuhe*
Fingerpuppen
hautfreundliche Farben
verschiedene Flüssigkeiten
Lichtquelle
Kleinmaterialien

Förderschwerpunkt: *Hand- und Fußwahrnehmung*

Ein großer Bereich der Umwelterfahrung geschieht über die Berührung. Ein Kind empfindet Temperaturen, räumliche Größen und Materialbeschaffenheiten u. a. über den Hautsinn. Aktiv erkundet es seine Umwelt vorwiegend über die Hände, wobei den Füßen leider weniger Beachtung geschenkt wird. Auch können in diesem Förderbereich Kinderzeichnungen über den Bezug zum eigenen Körper Aufschluß geben. Fehlen z. B. im Bild die Arme, wird dem Kind wenig bewußt sein, welche Funktion seine Hände und Arme haben. Das Ertasten, Erfühlen, Befühlen und Begreifen erfolgt über das Tätigsein, also die Handlung, und wird im Gehirn gespeichert, d. h. als reine Verständnis- und Denkleistung umgesetzt. Begreifen ist also ein motorischer Akt und in der Folge eine kognitive Intelligenzleistung. Das Kind soll aber ein möglichst differenziertes Veständnis für seine Umwelt erlangen und muß Arme, Hände, die einzelnen Finger und jedes einzelne Fingerglied bewußt einsetzen lernen. Das gleiche gilt für den Gebrauch der Füße. Die Eltern sollten Verständnis dafür haben, daß ein Kind jeglichen Gegenstand ausreichend befühlen und ertasten möchte.
Eine übertriebene Reinlichkeitserziehung ist hier fehl am Platz.

Lernsituation: *Sensibilisierung von Händen und Füßen.*

Dieser Schulungsbereich eignet sich für kleine Pausen: bei Wartezeiten am Bahnhof, im Arztzimmer, vor dem Essen, vor dem Zubettgehen, auch als Ruheübung oder als Möglichkeit einer Kontaktaufnahme mit einem ängstlichen Kind. Hierzu werden wenig Material und nur ein begrenzter Raum benötigt. Benutzt man jedoch flüssiges Material, muß mehr Zeit eingeräumt werden. Auch hier ist es sinnvoll, daß der Erzieher mitspielt. Bei den Übungsvorschlägen, in denen die Hände farbig bemalt werden, sollten mehrere Kinder teilnehmen, so daß ein kleines Theaterstück entstehen kann. Es ist darauf zu achten, daß immer mit beiden Händen bzw. Füßen geübt wird.

Übungsvorschläge:

In diesem Übungsbereich ist es besser, wenn das Kind die Augen geschlossen hält. Man sollte es jedoch nicht dazu zwingen.

— Die Eltern legen dem Kind verschiedene Materialien (Holzbausteine, Löffel, Bürste, Watte, Sandpapier usw.) in die Hände. Es können auch Nahrungsmittel wie Zucker, Mehl, Sirup genommen werden, in die das Kind jeweils einen Finger taucht und anschließend ableckt. Das Kind soll durch Mimik und Gestik bzw. sprachliche Äußerungen zeigen, daß es die Unterschiede erkennen kann bzw. welche Materialien als angenehm oder unangenehm empfunden werden. Die gleiche Übung wird mit den Füßen ausgeführt. Die Kinder berühren die Gegenstände mit den Fußsohlen und können sie, wenn sie möchten, anschließend auch ablecken.

— In einer Schachtel befinden sich verschiedene Materialien, von denen jedes zweimal vertreten ist. Das Kind sucht mit geschlossenen Augen — einmal mit den Händen, dann mit den Füßen — die gleichen Materialien heraus.

— Vor den Kindern stehen verschiedene Gefäße mit Flüssigkeiten unterschiedlicher Temperatur. Sie tauchen ihre Hände bzw. Füße in die einzelnen Substanzen und geben zu verstehen, welche Temperaturen sie als zu warm oder als zu kalt empfinden. Das gleiche kann mit Flüssigkeiten unterschiedlicher Konsistenz ausprobiert werden. Hände bzw. Füße werden in Öl, Wasser, Tapetenkleister, Klebstoff u. ä. getaucht. Die Kinder erfahren verschiedene Hautreizungen und werden wahrscheinlich mit gemischten Gefühlen reagieren.

In diesem Übungsbereich kann es vorkommen, daß einige Kinder sich weigern, mit schmierigem und klebrigem Material in Berührung zu kommen. Man darf sie nicht zu einer solchen Tätigkeit zwingen.

— Hände bzw. Füße der Kinder werden mit Körper- bzw. Rasierschaum besprüht. Sie werden aneinander gerieben, wobei das Kind die Glätte der Haut als angenehm empfinden wird.

— Das Kind spielt bewußt mit seinen Händen und Füßen. Es klatscht in die Hände, es legt die Handflächen gegeneinander, berührt sie behutsam bzw. mit Druck, spreizt dabei die Finger und spannt sie fest an. Es kann alle Fingerspitzen gegeneinander drücken, jeden Finger einzeln anheben, die Zwischenräume der Finger ertasten, die Fingernägel in den Handteller oder in den Handrücken drücken. Auch können die Hände zu einer Faust geballt werden. Jeder Finger wird einzeln angetippt und vom Betreuer benannt. Auch die Füße können wie bei dem Spiel mit den Händen vielseitig bewegt werden.

Die Zappelkinder

10 kleine Zappelkinder zappeln hin und her,
zappeln auf und nieder,
10 kleinen Zappelkindern fällt das gar nicht schwer,
sie tun das immer wieder.
10 kleine Zappelkinder zappeln rings herum,
10 kleine Zappelkinder, die sind gar nicht dumm;
10 kleine Zappelkinder kriechen ins Versteck,
10 kleine Zappelkinder sind auf einmal weg!

Der Erwachsene spricht diese Verse. Dabei bewegt das Kind seine Hände und/oder Füße. Auf das Wort ,,Versteck'' ballt man die Hände und/oder Füße zu einer Faust und versteckt sie anschließend. Wenn sich auch die Eltern oder Erzieher an diesem Spiel beteiligen, ist es für das Kind noch interessanter.

Ein Daumen, der heißt Fridolin

Melodie: Inge Lotz / Text: Rolf Krenzer

Ein Daumen, der heißt Fridolin,
der andere heißt Hans.
Der Hans sagt zu dem Fridolin:
„Wir machen einen Tanz!"
So tanzen sie,
so tanzen sie,
so tanzen sie vorm Haus.
Und wenn die beiden müde sind,
dann ruhen sie sich aus.

Lotz, J. / Krenzer, R.: Wir sind die Musikanten. Kaufmann-V., Lahr, Kösel-V., München 1979

— Der Betreuer zieht sich Fingerhandschuhe an, wobei immer ein Finger ausgelassen wird. Das Kind ertastet den leeren Finger des Handschuhs und benennt diesen. Ebenso kann der Handschuh von der Hand gezogen werden, indem man an dem vom Betreuer benannten jeweiligen Handschuhfinger zieht. Auch der Erwachsene sollte beim Kind den „versteckten" Finger suchen.

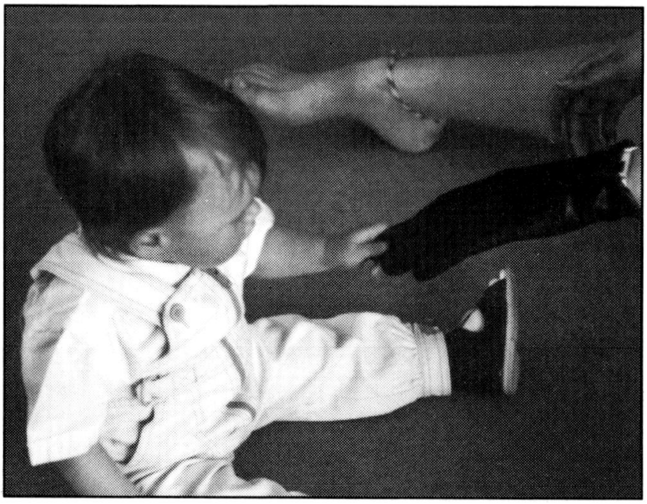

— Es werden jeweils einzelne oder mehrere Finger „versteckt". Das Kind bzw. der Erzieher ertastet blind, welcher Finger „fehlt".

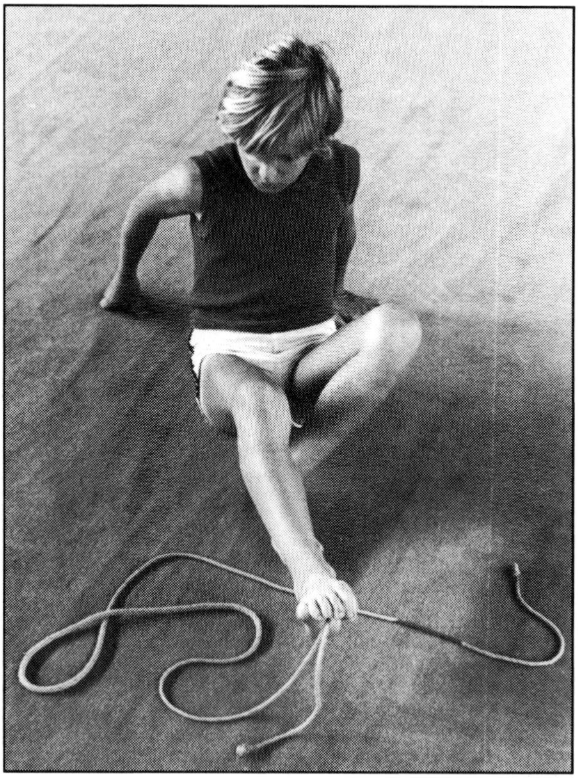

— Eine Lichtquelle wird so aufgestellt, daß ein Schattenbild an der Wand entstehen kann.

Betreuer und Kind bzw. mehrere Kinder bewegen ihre Finger und versuchen, Tierbilder oder Gegenstände zu formen. In dieses Spiel kann eine Handlung eingebaut werden, so daß ein kleines Rollenspiel aufgeführt wird.

Bei kleineren Kindern spielt der Erwachsene eine Handlung, wobei das Kind mit seinem Schattenspiel einbezogen wird.

Versuchen Sie das gleiche mit den Füßen. In Rückenlage werden die Beine ausgestreckt, und man spielt mit den Zehen. Ebenso können kleinere Gegenstände (Tücher, Löffel, Steine usw.) zwischen Finger bzw. Zehen geklemmt werden, so daß neue Formen entstehen.

— Es werden Materialien ausgewählt, die zur Muskeltätigkeit (Druck und Zug) anregen. Das Kind betätigt z. B. eine Klingel, drückt auf Knöpfe, dreht eine Scheibe, streut eine Prise Salz u. ä. Mit den Zehen kann Papier zerrissen, Watte in einen Behälter gelegt, ein Bild gemalt, eine Schublade geöffnet werden usw.

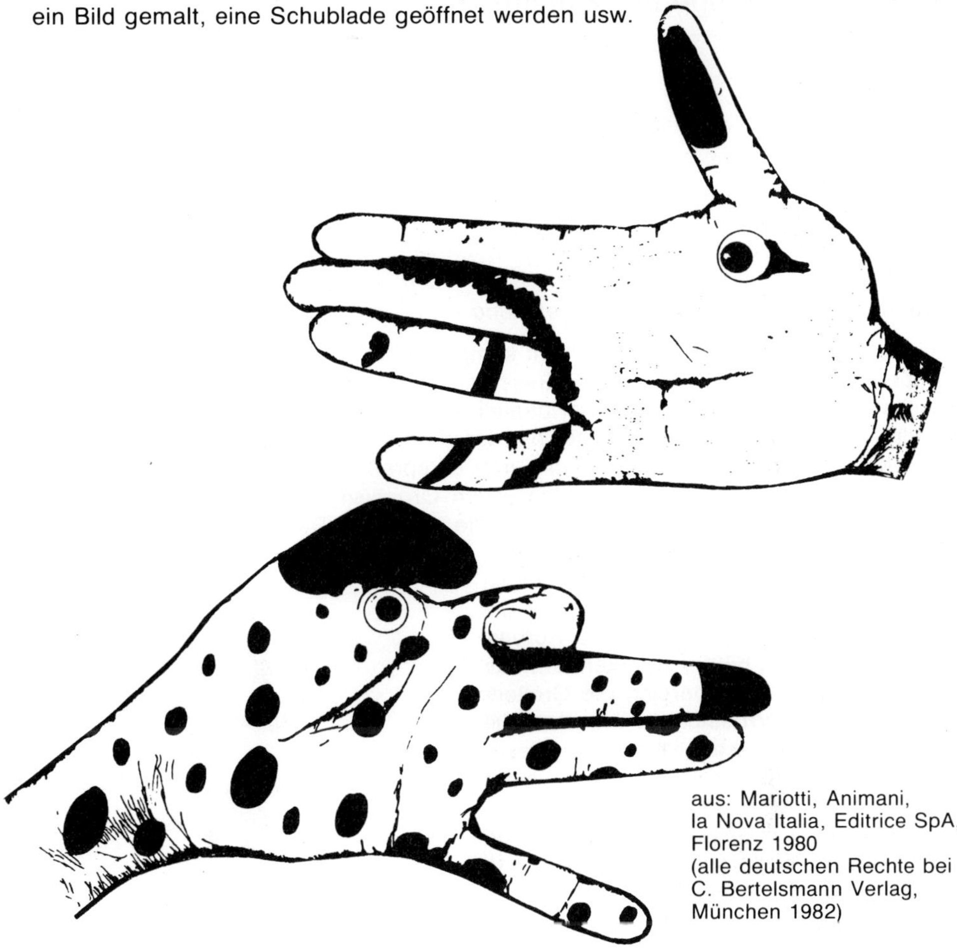

aus: Mariotti, Animani, la Nova Italia, Editrice SpA, Florenz 1980 (alle deutschen Rechte bei C. Bertelsmann Verlag, München 1982)

— Die Hände werden mit Farbe bemalt. Allein schon das Eintauchen in Kalkfarbe verfälscht das reale Bild, was zum Theaterspielen anregt. Die Hände können z. B. Gespenster sein, die sich drehen und wenden, durch die Luft fliegen oder auf dem Boden entlang kriechen. Es können Kleinmaterialien wie Tücher, Glaskugeln u. ä. auf die Finger und Hände gelegt bzw. leicht befestigt werden, die die Illusion von Geistern bzw. Tieren und menschenähnlichen Gestalten vermitteln. Wenn die Hände mit verschiedenen Farben bemalt werden, können interessante Fantasiegebilde wie Zebras, Giraffen, Schlangen, Marienkäfer u. ä. entstehen. Auch sollten die Spielenden die Füße dementsprechend bemalen. Die Betreuer oder ältere Kinder können mit ihren Händen und/oder Füßen hinter einem Vorhang ein kleines Theaterstück aufführen, indem entweder unter dem Vorhang nur die Füße bewegt werden bzw. über der Abdeckung oder aus Öffnungen des Tuches die Hände hervorsehen.

— Aus Karton werden kleine Fingerhütchen angefertigt. Man steckt sie auf die einzelnen Finger und kann ein kleines Stück spielen. Auch kleine Strick- oder Häkelpüppchen eignen sich für dieses Spiel.

5 Körperwahrnehmung
Altersgruppe ab: 2 Jahre

Medien: *Spiegel*
Tuch
Papier
dicker Filzstift
Klebepflaster
Puppe

Förderschwerpunkt: *Gesichtswahrnehmung*

Das Neugeborene nimmt seine Umwelt komplex wahr. Es reagiert auf Geräusche, auf Temperaturen und ein differenziertes Geschmacksangebot. Durch Ertasten erfährt es die Beschaffenheit von Materialien. Erst danach nimmt es auch seinen Körper immer verständnisvoller auf. Zu seinem Körper hat das Kind in den ersten Lebensmonaten noch keine rechte Beziehung. Dieser muß durch entsprechende Körpererfahrungsübungen erst zu einem für das Kind beziehungsvollen Organismus heranwachsen. Zu Beginn konzentrieren sich die Erfahrungen auf Hände und Füße. Danach nimmt das Kind auch die einzelnen Körperteile wie Brust, Bauch, Rücken und Kopf wahr. Kinderzeichnungen geben dem Beobachter Aufschluß über die Entwicklung des Körperbildes und Körperschemas. Darin ist häufig zu erkennen, daß besonders im Gesichtsbereich die Größenverhältnisse verzerrt sind und vor allem die Ohren meist vergessen werden. In dieser Einheit soll das Kind seinen Kopf in seiner Gestalt und seinen Proportionen und die genaue Struktur des Gesichtes erkennen und das bewußte Körperspiel, in diesem Fall Mimik und Gestik, einsetzen.

Alexandra, 8 Jahre

Lernsituation: *Kenntnis der charakteristischen Teile des Kopfes und ihrer Funktionen.*

Die Eltern/Erzieher wählen für sich und das Kind einen störungsfreien Raum aus. Es ist sinnvoll, wenn das Kind auf dem Schoß sitzt und einen engen Körperkontakt zur Erziehungsperson hat. In dem Raum befindet sich ein Spiegel. Ebenso sollte ein großer Papierbogen mit einem dicken Malstift bereitliegen.

Übungsvorschläge:

— Das Kind sitzt auf dem Schoß der Erziehungsperson und ertastet deren Kopf, die Rundungen, die Vertiefungen und Erhebungen. Der Erzieher begleitet mit Worten die Bezeichnung der einzelnen Teile wie Haare, Ohren, Stirn, Augenhöhlen mit Augen, Augenbrauen, Nase, Nasenlöcher, Mund, Lippen, Zähne und Zunge, Wangen und Kinn. Es ist nicht wesentlich, daß diese Begriffe vom kleinen Kind behalten werden. Das ältere Kind wird sie jedoch aufnehmen und später auch zuordnen können. Das gleiche wiederholt der Betreuer mit dem Kind. Er ertastet ebenso den Kopf, wobei eventuell das Kind beantworten kann, welcher Gesichtsteil gerade berührt wird.

— Der Kopf wird mit geschlossenen Augen ertastet. Das Kind benennt den entsprechenden Körperteil.

— In diese Übung werden Geschwister, Freunde und mehrere Puppen einbezogen.

Das Kind sucht die vom Erzieher genannten Gesichtsteile an seinem Partner, berührt sie und versucht, sie auch an einer Puppe wiederzufinden. Danach kann die Art der Berührung differenziert werden: Körperteile werden gestreichelt, es kann gegen die Stirn gedrückt, an der Nase gezogen, in die Wangen gekniffen und an den Augenwimpern leicht hin und her gefahren werden. Diese differenzierten Berührungen sollen auch an dem leblosen Objekt ausgeführt werden, wobei auch hier entsprechende Gefühle sprachlich geäußert und mit der Hand begleitet werden müssen.

— Das Kind sieht in einen Spiegel und zeigt auf die oben genannten Gesichtsteile. Entweder kann der Erzieher dazu auffordern, daß ihm das Kind die entsprechenden Körperbereiche zeigt, oder das ältere Kind benennt diese schon alleine.

— Die Erziehungsperson verdeckt bei sich selbst einzelne Gesichtsbereiche wie Ohren, Nase oder Lippen mit den Händen oder mit einem Tuch. Das Kind versucht, diese Hand zu entfernen, dabei gibt es wahrscheinlich über seine Mimik zu erkennen, daß es sich über das jetzt wieder vollständige Gesichtsbild freut. Das ältere Kind wird verbalisieren, welches Gesichtsteil gerade versteckt wird. Dieses Spiel muß in einem Wechsel zwischen Erzieher und Kind bzw. der Kinder untereinander erfolgen. Danach können auch an der Puppe die entsprechenden Körperteile abgedeckt werden.

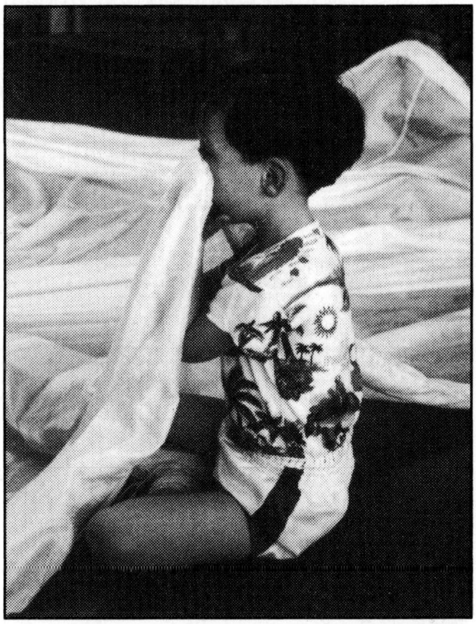

— Einzelne Gesichtsbereiche werden mit einem Klebepapier bzw. Pflaster beklebt. Das Kind soll gleiche Bereiche an seiner Puppe bzw. an sich selbst abdecken oder ebenfalls mit Pflaster bekleben.

— Das Kind sitzt/liegt auf dem Boden. Auf ein Stück Papier wird vom Erzieher in Übergröße der Kopfumriß aufgezeichnet. Das Kind malt die einzelnen Teile in das Gesicht hinein: Haare, Ohren, Augen mit Augenbrauen und Augenwimpern, Nase und Mund. Bei diesem Zeichnen eignet sich gut die Musik "Ich habe einen Kopf . . ." (von L. Edelkötter: ,,Hast Du etwas Zeit für mich?". Impulse-Musikv., Natorp 2, 4406 Drensteinfurt 1984), oder das Lied „Ich habe zwei Augen" (von W. Kötteritz: „Lustige und lehrreiche Lieder für Vorschulkinder". V. pläne, Dortmund 1984) zur unterstützenden Begleitung. Ältere Kinder können den Kopfumriß bereits allein zeichnen. Sie schneiden ihn später aus und gestalten ihn mit Werkmaterialien wie Fäden für die Haare, kleine Bürsten für Wimpern usw.

— Das Kind sitzt oder steht vor einem Spiegel. Es schneidet Grimassen und versucht, diesen Ausdruck zu beschreiben. Wie schaut man böse? Oder zornig? Wie sieht man traurig oder gleichgültig aus? Wie sieht ein fröhliches Gesicht aus? Erst ältere Kinder werden diese genauere Differenzierung des Gesichtsausdrucks selbst ausüben können. Jüngere Kinder werden wenig Mühe haben, die Begriffe „böse" und „fröhlich" darzustellen. Alle Personen können danach versuchen, sich gegenseitig mit dem entsprechenden Gesichtsausdruck anzusehen, wobei die charakteristischen Merkmale, z. B. hochgezogene Mundwinkel, Stirnfalten, weit geöffnete Augen oder enge Augenlider, bewußt gemacht werden sollten. Ältere Kinder können danach den entsprechenden Gesichtsausdruck auch zeichnen.

— Mehrere Kinder sitzen mit den Eltern/Erziehern im Kreis. Ein Kind hat die Augen verbunden und ertastet die Spielgefährten bzw. Betreuer. Es soll herausfinden, um welche Person es sich handelt.

— Die Gruppe sitzt im Kreis. Ein Kind hockt auf dem Boden und versucht, über entsprechende Lautäußerungen das Interesse der Kinder zu wecken. Die Gruppe bemüht sich um eine regungslose Mimik. Sobald einer der Sitzenden das Gesicht verzieht, geht er in die Mitte. Der Mittelspieler kann besonders eine Gesichtsreaktion provozieren, indem er dicht an ein Kind heranrückt und über Mimik bzw. lachende oder weinerliche Laute das Kind auffordert, ihn zu berühren. Diese Spielformen werden erst Kinder ab 4 J. beherrschen.

— Die Kinder sitzen mit den Eltern/Erziehern in einem Kreis und singen das Lied:

2. Knie und Knöchel; Hände . . .
3. werft den Ball; und Hände . . .
4. melkt die Kuh; und Hände . . .
5. schlagt die Trommel; Hände . . .
6. spielt die Geige; Hände . . .
usw.

(mündlich von Avon Gillespie)

Sie ahmen die zum Text passenden Bewegungen nach.

Bewegungsbeschreibung zum Singspiel „Kopf und Schultern"

Aufstellung: partnerweise gegenüber auf freien Plätzen

Alle vier Strophen werden ineinandergreifend — also ohne Pausen — gesungen!

1. Strophe:

Man berührt mit beiden Händen gleichzeitig Kopf und Schultern, klatscht bei „Hände" in die eigenen, bei „eins" rechts gegeneinander, in der Pause in die eigenen Hände klatschen, bei „zwei" links gegeneinander, Pause in die eigenen Hände, bei „drei" rechts gegeneinander.

2. Strophe:

Man berührt mit beiden Händen gleichzeitig Knie und Knöchel (Kniebeuge!), klatschen wie in der 1. Strophe.

3. Strophe:

Bei „werft" mit rechtem Arm Ausholbewegung, bei „Ball" Wurfbewegung, klatschen s. o.

4. Strophe:

Bei „melkt die Kuh" in Kniebeuge Melkbewegungen ausführen, klatschen s. o.

Dieses Lied wird zunächst Zeile für Zeile mit den Hand- und Körperbewegungen eingeübt, wobei sofort alle Strophen hintereinander gesungen werden.
Danach erfolgt Aufstellung partnerweise gegenüber. In dieser Form soll das Lied ein- bis zweimal gesungen und gespielt werden.

(aufgezeichnet von Waltraud Meusel)

6 Körperwahrnehmung und Körpergeschick

Altersgruppe ab: 2 Jahre

Medien: *kleines Schwimmbecken*
(Badewanne bis Nichtschwimmerbecken)
kleine, bunte Plastikbälle/Tischtennisbälle
schwimmende Gegenstände

Förderschwerpunkt: *Körperbeherrschung*
Gewöhnung an das Element Wasser

Die pädagogischen Bemühungen von Eltern und Erziehern konzentrieren sich bei einem Kleinkind in der Regel auf das feste Land. Die Erfahrungen haben gelehrt, daß sich der Mensch jedoch im Wasser viel leichter und geschickter bewegen kann. Das Medium Wasser bietet die idealen Bedingungen, einmal Widerstand zu erfahren, zum anderen, die Körperschwere aufzuheben und dadurch mehr Gespür für den eigenen Körper zu bekommen. Die Bewegungen im Wasser werden variationsreicher, da man fast schwebend und ohne Verletzungen die Raumlage verändern kann. Gleichzeitig wird das Vertrauen zu dem feuchten Element Wasser erhalten. So sollte das Kind zum Wasser einen besonders positiven Bezug haben und sich nicht ängstigen. Unter gezielter pädagogischer Anleitung kann schon mit einem drei Monate alten Kleinkind von der Badewanne in ein großes warmes Wasserbecken übergewechselt werden. Hier erleben die Kinder den größeren Bewegungsfreiraum. Sie werden psychisch-emotional davon berührt sein, daß sie sich auf einmal rasch fortbewegen können, obwohl sie das Kriechen und Laufen noch nicht bzw. noch nicht sicher beherrschen. Die Bewegungen sind ganz allgemein im

Wasser freier und gelöster. Die Kinder drehen und wenden sich geschickt, rollen um die Längs- und Querachse und paddeln munter voran. Vor allem machen ihnen die Bewegungen unter Wasser viel Freude. Das Wasser ist eigentlich für das Kleinkind der natürliche Lebensraum, worin es sich wohler fühlt als an Land.

Lernsituation: *„Freies" Spielen im Wasser.*

Der Säugling soll sofort nach der Geburt mit warmem Wasser in Berührung kommen. Die Temperatur muß allerdings 32° C betragen, damit er sich wohlfühlt. Auch in den späteren Lebensmonaten, wenn das Kind noch nicht stehen kann, sollte das Bad eine beliebte, regelmäßige Gewohnheit sein, wo Kind und Eltern planschen und gemeinsam spielen. Die folgenden Übungen können von den Kindern ausgeführt werden, sobald sie sicher stehen können. Ein Spiel in der Badewanne, besser aber in einem warmen Nichtschwimmerbecken des öffentlichen Bades, zeigt dem Kind, daß das Wasser ein natürliches Element ist und nicht nur der Sauberkeitserziehung dient. Je mehr Kinder im Wasser gemeinsam spielen, desto anregender und ausdauernder wird das Spiel sein. Mit sicheren, an den Armen zu befestigenden Schwimmhilfen kann sich das Kind alleine im Wasser fortbewegen. Immer soll es die Nähe zum Betreuer spüren. Diese Auftriebshilfen werden nach und nach abgebaut, d. h. man bläst immer weniger Luft in die Schlauchkammern. Spätestens nach der „Seepferdchen-Prüfung" wird es keine Armringe mehr benötigen.

Übungsvorschläge:

— Die Kinder sitzen in der Wanne bzw. im Becken und bewegen mit ihren Händen die Wasseroberfläche. Sie drehen Kreise, schlagen Wellen, schieben sich gegenseitig das Wasser zu. Sie schlagen auf die Wasseroberfläche und lassen das Wasser durch ihre Hände rinnen.
  Auf dem Wasser schwimmen Spielgegenstände (Schiffe, Enten, Bälle). Die Kinder schieben sich diese Gegenstände zu, lassen sie um ihren Körper herumfahren. Der Erzieher unterstützt ihr Spiel, indem er Windgeräusche verursacht. Häufig ist zu beobachten, daß sich die Kinder schon von alleine die Gegenstände zublasen, so daß sie — ohne es bewußt aufzunehmen — mit dem Gesicht die Wasseroberfläche berühren. Kleine Musikstücke bzw. Singlieder erhöhen die Bereitschaft zum Untertauchen.

Singlied: Füllt euch Wasser in die Hände . . .

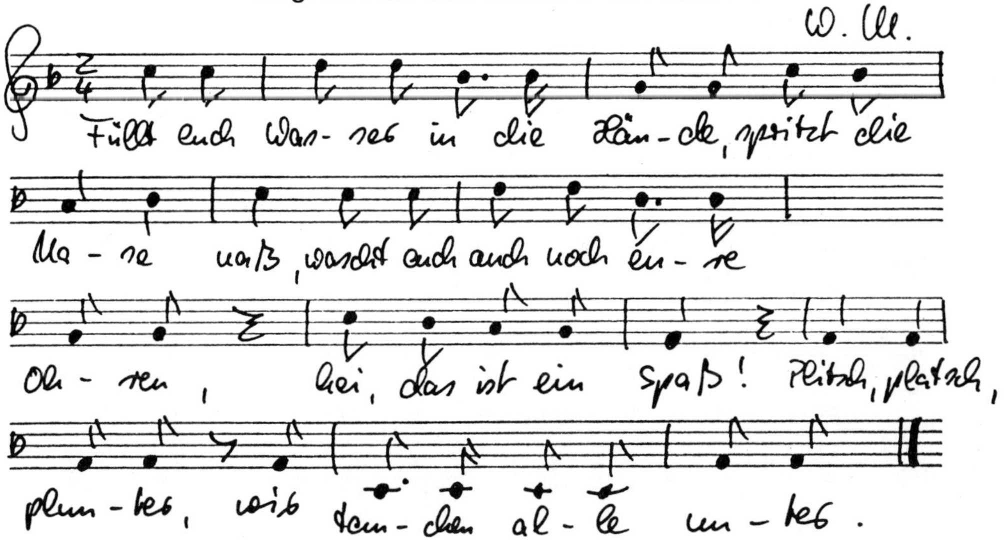

(Text: K. Mertens, Melodie: W. Meusel)

Die Kinder nehmen Plastikbecher und schütten sich Wasser über die Arme, Schultern, den Bauch. Wenn das Kind nicht von sich aus das Wasser über seinen Kopf schüttet, muß, damit das Kind sich weiterhin im Wasser wohlfühlt, darauf geachtet werden, daß bei diesem ,,Waschen'' der Kopf erst zum Schluß einbezogen wird.

Kinder stehen in einem Kreis und sprechen betont folgenden Vers, dazu führen sie folgende Bewegungen aus:

Taram-tam-tam, Taram-tam-tam
(Mit Händen auf das Wasser klatschen)

Gulli, gulli, gulli, gulli, gulli ram-tam-tam
(Hände und Unterarme unter der Wasseroberfläche umeinander kreisen lassen)

Arabi, Arabi (Arme in die Höhe heben)

Gulli, gulli, gulli, gulli, gulli ram-tam-tam (Hände und Unterarme unter der Wasseroberfläche umeinander kreisen lassen)

Salem a leikum (Verbeugen und Gesicht/Nase in das Wasser tauchen)

Zahl', wenn 'i vorbeikum (Arme ausbreiten und sich im Kreis anfassen)

Simsalabim, alles ist hin (alle auf den Rücken legen und mit den Beinen strampeln)

(Überliefert von Gerdamarie Jansen)

— Die Kinder sitzen bzw. stehen im Wasser. Man gibt ihnen kleine Bälle, die mit verschiedenen Körperteilen festgehalten werden sollen: das Kind klemmt sich einen Ball unter das Kinn und geht durch das Wasser. Zwei kleine Bälle werden unter den Achselhöhlen getragen. Man versucht, einen oder mehrere Bälle zwischen Füßen, Knien, Oberschenkeln zu halten. Der Ball wird mit dem Rücken gehalten oder soll auf dem Bauch liegen bleiben.

Sie winden, trocknen, bügeln, klatschen, ruhen und tanzen den ganzen Tag.

- Die Eltern geben den Kindern Kleidungsstücke. Sie dürfen diese im Wasser waschen.

  Das ,,Waschmaschinenspiel'' wird für die Kinder noch interessanter, wenn sie alle Wäschestücke in die Mitte legen und gemeinsam die Arbeitsvorgänge einer Waschmaschine nachahmen: Mit Bechern schütten sie das Wasser über die Kleider (Waschpulver), anschließend bewegen sie langsam die Arme und haben den ,,Vorwaschgang'' eingeschaltet. Wenn sie mit den Händen neben den Kleidungsstücken das Wasser tüchtig bewegen, imitieren sie den ,,Hauptwaschgang'', und beim ,,Spülgang'' hüpfen sie im Kreis um die Wäschestücke herum. Während des „Schleuderganges" können sie ihr Kleidungsstück herausnehmen und in der Luft schwenken.

  Es wird ihnen sicher große Freude machen, diese Kleidungsstücke auch im Wasser anzuziehen.

- Die Bezugsperson steht neben dem Kind im Wasser, oder jedes Kind hat einen Partner. Man hält sich an dem Nachbarn fest und setzt sich auf den Boden des Schwimmbeckens. Indem man sich am Körper des Partners entlangtastet, kann man von der Oberfläche bis zum Beckengrund und dann wieder hinauftauchen. Das gleiche kann in der Bauchlage ausprobiert werden.

- Ein zuverlässiger Partner hält das Kind in Rückenlage auf dem Wasser. Es wird durch das Wasser geschoben und von Betreuer zu Betreuer weitergegeben bzw. hin- und hergeschoben.

- Das kleine Kind wird auf dem Wasser in Rücken- bzw. Bauchlage gehalten, das ältere bewegt sich mit Schwimmhilfen alleine fort. Es soll einen schwimmenden Gegenstand entweder mit dem Kopf oder mit den Füßen vor sich her schieben. Bei diesem Spiel können weitere Variationen zum Transport eines Spielzeugs im Becken erfunden werden. Das Kind soll die Möglichkeit haben, selbst herauszufinden, wie ein Gegenstand ohne Benutzung der Hände auf dem Wasser fortbewegt werden kann.

- Die Paare stehen sich im Wasser gegenüber und werfen sich einen Ball zu. Das Kind gewinnt im Wasser Sicherheit, wenn bei diesem Spiel im Becken herumgegangen wird. Der Ball kann nicht nur zugeworfen, sondern auch gegen die Wasseroberfläche oder durch die gegrätschten Beine gedrückt werden. Durch den Widerstand springt der Ball in die Luft und wird von dem Kind aufgefangen.

- Während die Bezugsperson das Kind an den ausgestreckten Armen bzw. leicht an der Hüfte gefaßt festhält, verändert es die Lage. Es dreht sich von der Rückenlage in die Bauchlage und umgekehrt und wälzt sich dabei um die Längs- bzw. Querachse.

Die folgenden Spielformen können in einer großen Gruppe mit jeweils einer Bezugsperson ausgeführt werden. Wenn sich die Gruppe im Wasser befindet, fassen die Betreuer/Eltern ihre Kinder und bilden einen großen Kreis. Jedes zweite Kind legt sich mit dem Rücken auf das Wasser und wird im Kreis nach rechts und links, nach innen und außen bewegt. Während sich der Kreis dreht, können die Kinder tüchtig mit den Beinen im Wasser strampeln oder auch in der Bauchlage ,,Löcher'' in das Wasser pusten (Wechsel).

Bei dem Hinein- und Herausgehen wird das Kind automatisch von der Bauch- in die Rückenlage gedreht. Alle o. g. Spielformen: Bewegen nach Singliedern und Sprechversen, Transport der Bälle, Waschmaschinenspiel, Gegenstände pusten, können zwar Eltern mit ihrem Kind alleine spielen, mehr Freude macht es aber, wenn eine Gruppe von Kindern beisammen ist.

7 Körperwahrnehmung und Körpergeschick
Altersgruppe ab: 2 Jahre

Medien: *Unterschiedliche Bodenbeschaffenheit*
Seile
Hindernisse
Gummischnur

Förderschwerpunkt: *Sicheres Gehen*

Die Sicherheit einer Bewegung wird dann erreicht, wenn ein Kind nicht nur auf einer ebenen und freien Fläche, sondern auch auf holprigem Weg, an Steigungen, an Hängen, in Rinnen und anderen Elementen wie dem Wasser bzw. Eis, in Sand und Matsch, ohne Mühe gehen kann. Durch ständige Ausgleichsbewegungen paßt sich das Kind an die örtlichen Gegebenheiten an. Es tritt vorsichtig oder mit festem Schritt auf, es benutzt die Arme zum Balancieren oder es korrigiert über den ganzen Körper seine Fortbewegung.

Ein sicheres Gehen ist immer mit einer Raumorientierung verbunden. Das Einschätzen von Entfernungen, die Erfahrung mit der Enge und Weite eines Raumes, die Sicherheit in der Gesamtkoordination, verbunden mit der organischen Unversehrtheit von Auge, Ohr und Nase, sind Voraussetzung für sichere und geschickte Bewegungen in unserer Umgebung.

Lernsituation: *Gehen und Laufen in Räumen.*

Die Erfahrungen mit dem eng begrenzten und weiten Raum können die Kinder in der Wohnung und im freien Gelände machen. Sie werden spüren, daß ein weiter Raum zum

raschen Laufen anreizt, während man bei einem begrenzten Raum auf das Tempo achten muß. Das freie Gelände hat den Vorteil, daß sich das Kind ungehemmt bewegen kann. Auch können die Kinder kreativer sein und sich in der Natur selbst Wege suchen, auf denen sie das Gehen variationsreich üben können. So häufig wie möglich sollten die Kinder barfuß laufen, um den Untergrund intensiv zu erfahren.

Übungsvorschläge:

— Die Kinder gehen über Rasen, Steine, Sand. Sie überqueren ausgelegte Bretter und sie waten durch das Wasser. In einem Raum können sie über Kunststoffböden, Stein- und Teppichböden gehen. Sie spüren den unterschiedlichen Untergrund und erkennen, auf welchem Boden sie sich leicht bzw. nur mit Widerstand fortbewegen können. Wenn die Augen geschlossen sind, werden diese Erfahrungen intensiver aufgenommen. Ein anderes Kind oder die Eltern führen das Kind an der Hand.

— Der Gang soll vielseitig variiert werden. Kinder gehen im Fersengang, auf Zehenspitzen, auf der Außen- oder Innenkante. Sie können den Fuß vom Ballen bis zur Ferse langsam abrollen, fest aufstampfen oder ganz leise gehen. Wenn Eltern und Kinder durch ihre Fortbewegungsart Tiere oder besondere Menschentypen nachahmen, wird die Freude erhöht. Sie laufen „schlaksig" oder mit steifen Beinen wie Charly Chaplin. Sie gehen wie ein Storch oder im Paßgang wie ein Kamel.

— Die Kinder bewegen sich in dem Raum nach einem vorgegebenen Rhythmus. Eltern und Kinder klatschen in die Hände mit wechselndem Tempo. Dabei wird langsam oder schnell gegangen. Auch können Klanginstrumente, wie aneinandergeschlagene Hölzer oder eine Trommel das Tempo vorgeben. Die Kinder und Eltern schlendern dazu, rasen, drehen sich im Kreis, laufen vorwärts, rückwärts und seitwärts. Der ganze Körper, Arme und Rumpf sollen sich bei diesem Gehen mitbewegen. Auch kleine gesungene Lieder unterstützen das spontane Ausdrucksverhalten und die Freude an der Bewegung.

Die Lies, der Franz und ich

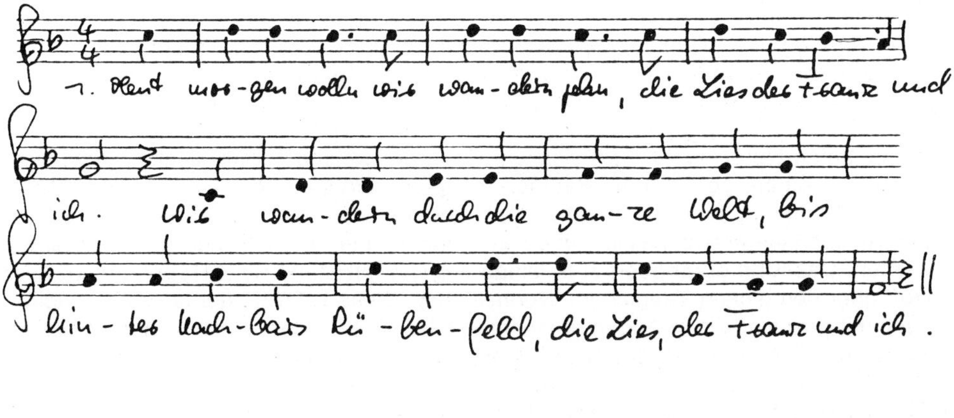

Text: James Krüss, Melodie: Waltraud Meusel

Heut morgen woll'n wir wandern gehn,
die Lies, der Franz und ich.
Wir wandern durch die ganze Welt,
bis hinter Nachbars Rübenfeld.
Die Lies, der Franz und ich.

Heut mittag woll'n wir baden gehn,
die Lies, der Franz und ich.
Wir schwimmen durch das Rote Meer,
zwei Meter hin, zwei Meter her.
Die Lies, der Franz und ich.

Heut abend woll'n wir tanzen gehn,
die Lies, der Franz und ich.
Wir tanzen bis nach Afrika.
Der Franz spielt Mundharmonika,
für Lies und sich und mich.

Au weh, jetzt fängt's zu regnen an,
auf Lies, auf Franz, auf mich.
Verregnet sind die Pläne nun.
Wir müssen etwas andres tun,
die Lies, der Franz und ich.

Wir spielen einfach Blindekuh,
die Lies, der Franz und ich.
Wir binden uns die Augen zu
und rufen,,huh" und machen ,,muh".
Die Lies, der Franz und ich.

— Der Erwachsene bzw. das Kind macht eine Bewegung vor, die vom Partner nachgeahmt wird. Man geht mit Riesenschritten, hüpft seitwärts, springt im Kreis, klatscht beim Gehen in die Hände, geht auf allen vieren usw. Auch können bestimmte Tiere in ihrer Fortbewegungsart gezeigt werden, die dann vom Kind bzw. den Eltern erraten werden müssen.

— Alle Personen fassen sich zu einer Schlange und gehen durch den Raum. Kinder und Erwachsene gehen bzw. laufen verschiedene Raumformen aus. Sie gehen zu Kreisen, in Schlangenlinien, formen eine Schnecke, laufen Dreiecke, Vierecke oder Achten usw. Die Führungsrolle kann bei diesem Gehen wechseln, d. h. die letzte Person in der Schlange läuft nach vorne. Bei diesem Gehen durch den Raum kann auch die Gangart variiert werden, d. h. man geht in der Hocke, hüpft, läuft rückwärts usw.

— In der freien Natur sucht man sich ein Gelände, welches auch kleine Hindernisse bietet. Die Kinder gehen unter Bäumen hindurch, springen über einen kleinen Bach, laufen einen Hang hinauf und gehen durch hohes Gras usw. Sie lernen also, sich an die Gegebenheiten anzupassen. In einem Raum können kleine Hindernisse aufgebaut werden. Das Kind durchquert z. B. einen engen Flur, steigt eine Treppe hinauf oder läuft über den dicken Teppich im Wohnzimmer. Diese Erfahrungen sollen unbedingt auch mit geschlossenen Augen gemacht werden. Die Kinder führen sich gegenseitig, Eltern führen die Kinder, das Kind soll aber auch den Erwachsenen leiten.

— Die Kinder laufen in großen Kreisen um Hindernisse herum, um Bäume oder Büsche, in einem geschlossenen Raum um Stühle oder Stangen. In einer größeren Gruppe können auch ein Teil der Kinder die ,,Bäume" bilden, um die herumgelaufen wird.

Gleichzeitig kann die Merkfähigkeit der Kinder geschult werden, wenn sie ihren Ausgangspunkt behalten und den Platz wiederfinden müssen, von dem sie losgelaufen sind.

— In einem Raum sind in Wadenhöhe Schnüre (Gummibänder, Zauberschnur) gespannt. Die Kinder laufen durch den Raum, ohne daß sie diese Schnüre berühren. Sie gehen darüber, springen über sie hinweg, machen sich ganz klein und kriechen darunter hindurch. Das Gespür für die Hindernisse wird besonders stark aufgenommen, wenn ein Partner das Kind, das seine Augen geschlossen hält, vorsichtig und langsam über die Hindernisse führt. Ältere Kinder haben die Fähigkeit, ihren Partner allein durch Worte zu steuern. Sie geben an, daß er sich jetzt vorwärts, nach rechts und links bewegen soll bzw. nun über die Schnur steigen muß.

— In einem Raum sind Zeitungen oder Reifen ausgelegt, im freien Gelände sucht man sich Bodenplatten. Die Kinder laufen von Reifen/Zeitung/Platte zum nächsten Hindernis und überqueren gehend/laufend/hüpfend die dazwischenliegenden ,,Gräben''. (Achten Sie auf einen rutschfesten Boden!)

— Auf dem Boden befinden sich leicht erhöhte Hindernisse, wie Holzklötze, kleine Dosen, Brettchen. Die Kinder bewegen sich vorsichtig nur auf diesen Hindernissen fort. Diese Übung kann in eine kleine Geschichte eingekleidet werden in der Form, daß „sich in dem Fluß Krokodile befinden und die Kinder über dem Wasser auf diesen großen Steinen auf die andere Seite kommen" müssen.

— Wenn die Kinder die vielseitigen Erfahrungen mit dem unterschiedlichen Untergrund und der variierenden Fortbewegungsmöglickeit bewußt aufgenommen und verarbeitet haben, kann dieses Erleben in eine kleine Erzählung eingekleidet und von den Kindern auch in einem größeren Raum nachempfunden und in Bewegung umgesetzt werden.

Elke Völker, 16 Jahre

Als Hauptthema könnte z. B. ausgewählt werden:

„Wir suchen einen Schatz, den man nur finden kann, wenn verschiedene Hindernisse überwunden werden."

„Wir laufen durch den Wald um die dicht stehenden Bäume herum, schieben die Büsche beiseite und schleichen uns an einer Waldwiese an dort fressende kleine Hasen heran. Auf einmal knackt ein Ast, und die Tiere rennen davon. Wir laufen schnell hinterher und versuchen, einen Hasen einzufangen, der im Zickzack davonhoppelt. Auf einmal stolpern wir über einen Ast und liegen auf der Nase. Dabei reiben wir Kinder uns den Schmutz von der Kleidung. Wir rappeln uns wieder auf und kommen an einen Bach, den wir durchwaten. Das Wasser ist noch kalt, und wir gehen auf Zehenspitzen über Steine, gelangen auf die andere Seite und gehen im Stelzenschritt durch Sumpf und kommen auf weiches Moos. An einem Steilhang versuchen wir hinaufzuklettern und kriechen auf allen vieren das letzte Stück hinauf. Der Weg führt über eine Brücke, und wir balancieren auf dem schmalen Steg entlang. In der Ferne sehen wir eine kleine Höhle, in die wir hineinkriechen. Dort befindet sich in einer kleinen Kiste der Schatz."

— Die Kinder über das Gehen auf einem rutschigen Untergrund. Ideal wäre im Winter eine Eisfläche oder auch ein Schneegelände. Einen solchen Untergrund kann man aber auch künstlich schaffen, indem riesengroße Plastikplanen ausgebreitet werden, die man mit Schmierseife einreibt und mit etwas Wasser befeuchtet. Wenn eine leicht abschüssige Ebene eingebaut wird, besteht die Möglichkeit des Herunterrutschens. Die Kinder sollen sich vorsichtig, auf dem Bauch oder Rücken liegend, auf allen vieren oder im aufrechten Gang — alleine oder als Gruppe an den Händen angefaßt — auf dem rutschigen Untergrund fortbewegen.

— Ein sicheres Gehen kann zusätzlich mit Spielgeräten gefördert werden. Geschickte Eltern können ihren Kindern kleine Stelzen bzw. erst einmal Holzklötze, die unter die Füße geschnallt werden können, bauen, mit denen die Kinder eine ebene Fläche, aber auch Hindernisse und Schrägen durchqueren. Freizeitspielgeräte, im Winter Gleitschuhe und Skier, zu anderen Jahreszeiten die Rollschuhe und Stelzen, fördern das differenzierte Gehen. Es ist zu beobachten, daß Kinder in der ersten Lernphase mit diesen Geräten kleine Schritte machen, bevor sie das ausholende Gleiten beherrschen.

Bewegungsgeschichte: *Wir machen einen Ausflug*

Alle liegen noch schlafend in ihrem Bett. Da schlüpft der Sonnenstrahl durchs Fenster und weckt uns. Wir dehnen uns und strecken uns nach allen Seiten und wälzen uns noch ein wenig im Bett hin und her. Die Mutter ruft: „Aufstehen!", und du setzt dich im Bett auf; aber weil du noch müde bist, reibst du dir die Augen und sinkst wieder zurück auf den Rücken. Plötzlich steht deine Mutter mit dem nassen Waschlappen vor dir. Da saust du geschwind auf und schlüpfst in die Hausschuhe. Du läufst ins Badezimmer und wäschst dir den Schlaf aus dem Gesicht. Du reibst dir auch den Hals, die Arme, den Rücken und die Beine kalt ab. Damit du auch deine Fußsohlen waschen kannst, mußt du auf einem Bein stehen. Nachdem du nun munter bist, ziehst du dich an: Zuerst dein Hemd und deine Hose, dann Strümpfe, die lange Hose und den Pulli und zuletzt die Schuhe: Die wollen gar nicht über die Ferse rutschen! Du bückst dich also und hilfst mit dem Finger nach. Inzwischen ist der Frühstückstisch gedeckt. Du setzt dich, trinkst rasch deinen Kakao und ißt ein Brot. Dann wird der Rucksack umgeschnallt, und in aller Eile geht es zur Schule. Plötzlich mußt du bremsen, denn ein Auto kommt auf der Straße daher, die du überqueren willst. Links und rechts geschaut, und weiter geht's im schnellen Trab! Dort auf dem Parkplatz neben dem Schulhof warten schon die anderen. Wir wandern los.

Der Weg führt uns den Wiesenpfad entlang. Das Gras ist noch taufeucht. Du hebst die Füße an und trittst wieder vorsichtig nach unten, damit die Strümpfe nicht naß werden. Der Pfad führt am Berghang entlang, wir aber kürzen ab und steigen den Hang hinauf. Er ist so steil, daß du auf allen vieren krabbeln mußt. Der Waldrand ist nicht mehr weit. Da, ein Reh! Du schleichst dich vorsichtig an. Es bemerkt dich noch nicht, du gehst auf die Knie und läufst auf den Knien weiter; dabei stützt du dich mit den Händen ab. Du bist jetzt schon ganz nahe und rutscht auf dem Bauch noch näher auf das Tier zu. Wie schade, es hat dich bemerkt und flüchtet in langen Sätzen davon. Du springst auf und hastest ihm nach, gibst es aber bald auf. Auf dem Waldweg wandern wir weiter. Gefällte Baumstämme liegen im Weg, du steigst und kletterst darüber. Beim nächsten Stamm geht es bequemer, wenn du dich unter ihm hindurchschlängelst, aber vorsichtig, daß du deinen Kopf nicht anschlägst! Ein Stamm liegt der Länge nach auf dem Weg. Du balancierst darauf auf Zehenspitzen, am Ende springst du ab. Da vorne ist ein Bach, an dem wir ein Stück entlang heimwärts gehen. Du wirfst Steine hinein, so daß sie springen, auch große und schwere läßt du hineinplumpsen. Der Wassergraben ist noch nicht breit, so daß du probierst, im Zickzacklauf hinüber- und wieder herüberzuspringen. Nun ist es nicht mehr weit bis nach Hause, aber da machen ein paar von uns schlapp. Immer zwei von uns geben sich die Hand. Auf diese „Bank" darf sich der müde Kamerad setzen. Er kann sich rechts und links an unseren Schultern festhalten. So kommen wir zu Hause an und sind alle recht müde geworden. Du fällst ins Bett und schläfst gleich ein.

(Leicht abgeändert von Sylvia Holzki entnommen aus:
Trögels Schulpraktische Handbücher Band 39:
Leibeserziehung im Sportunterricht, Ansbach 1964, 36 f.)

8 Körperwahrnehmung
Altersgruppe ab: 3 Jahre

Medien: *Watte*
verschiedene Textilien
Schwamm
Bürste
Sandpapier
Nadeln
Ball
Luftballon

Förderschwerpunkt: *Berührungsempfindung*

Die Aufnahme von Umweltreizen erfolgt über den ganzen Körper. Neben den Sinnesorganen spielt der Hautkontakt eine ganz besondere Rolle. Nicht nur durch die Handberühungen, sondern über die Rezeptoren, also die Reizaufnahmeleiter, kann der Mensch die Weite und Enge eines Raumes und die Temperaturen wahrnehmen. Über den Hautsinn orientiert sich der Mensch im Raum und nimmt Kontakt zu seinen Mitmenschen auf. Es ist natürlich, daß das Kleinkind vor allem mit seinen Eltern in einem engen Körperkontakt zusammenlebt. Hautberührungen wie Streicheln, Tätscheln und ein Ansichdrücken sind Selbstverständlichkeiten in der Begegnung von Eltern und Kind. Auch die Berührung mit Materialien und die Empfindung von Temperaturen erfolgen bereits direkt nach der Geburt, aber schon in der vorgeburtlichen Zeit. Das Kind ist von warmem Fruchtwasser umgeben und fühlt sich in diesem Element besonders wohl. Man versucht, das Umfeld beruhigend zu gestalten, indem man es Frauen ermöglicht, ihr Kind in in einer angenehmen, warmem, harmonischen Atmosphäre zu entbinden, um so den Schock des Neugeborenen vor der „kalten“ Außenwelt aufzufangen.
Schon viel zu früh ist das Kind gezwungen, sich mit Kleidungsstücken zu bedecken. So hat es weniger die Möglichkeit, Reize aus der Außenwelt aufzunehmen, und wird in seiner Wahrnehmung des Umfeldes eingeengt. Die Haut kommt beim Kleinkind meist mit weichen Materialien in Berührung. Es spürt aber schon die Härte einer Unterlage und auch reibende bzw. kratzige Materialien. Möglichst sofort nach der Geburt — praenatal kann die Mutter auch darauf achten und den Fötus unterschiedliche Klänge, kalte und warme Räume, verschiedene Raumlagepositionen, vor allem im Wasser, erfahren lassen — soll ein Kind mit unterschiedlichen Temperaturen sowie Materialien von vielseitiger Beschaffenheit konfrontiert werden, um so seine Umwelterfahrungen zu erweitern.

Lernsituation: *Körperberührung mit Materialien.*

Für diese Übungen eignet sich ein kleiner, warmer Raum mit weicher Unterlage. Das Licht darf nicht grell und die Temperatur muß angenehm sein. Auch sind laute Nebengeräusche zu vermeiden, jedoch kann beruhigende Musik die Intensität der Empfindung verstärken. Das kleine Kind nimmt die Eindrücke mehr oder weniger unbewußt auf. Wo immer möglich, sollte der Erwachsene seine Tätigkeit mit ruhigen Worten begleiten, um sie dem Kind bewußt zu machen. Ältere Kinder können sprachlich äußern, wie sie den Kontakt mit den Materialien empfunden haben.
Obwohl dieser Lernbereich etwas Natürliches ist, können die Kinder, die zu spät damit vertraut werden, Kontaktängste zeigen. Für diese Reaktionen muß der Erwachsene sensibel sein und erkennen, daß er diese Kinder nur kurzzeitig — evtl. über Materialien — berühren kann.

Übungsvorschläge:

— Das Kind liegt in der Bauch- oder Rückenlage auf dem Boden oder die Eltern halten ihr Kind auf dem Schoß. Vorsichtig streicht der Erwachsene mit einem Wattebausch über Nase, Wangen, Stirn, Ohren, über den Hals, die Arme und Beine. Dieses Streicheln soll anschließend auch am ganzen Körper fortgesetzt werden. Das Kind gibt zu erkennen, an welchen Stellen der Berührunsreiz angenehm bzw. unangenehm war.

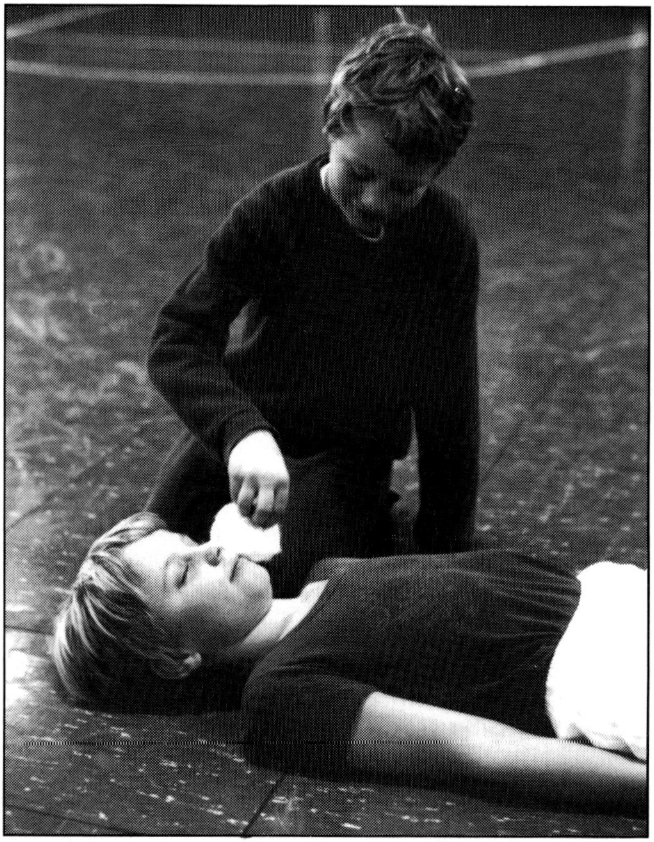

— Man nimmt unterschiedliche Materialien, wie weichen Stoff und Sandpapier, einen Schwamm und eine Drahtbürste, ein Stück Holz und Watte usw. Das Kind lernt, das Angenehme vom Unangenehmen zu unterscheiden.

Mit diesen Materialien wird auch der ganze Körper berührt. Wenn Kindern bewußt wird, daß einige Materialien, wie Sandpapier oder eine Drahtbürste, evtl. Schmerz auslösen, werden sie auch ihren Partner bzw. die Eltern mit diesen Gegenständen nur behutsam berühren.

— Die Kinder haben die Augen geschlossen. Man streicht mit mehreren unterschiedlichen Materialien über ihren Körper. Nach kurzer Zeit wird ein eben benutztes Teil wieder auf den Körper gelegt. Das Kind soll erkennen, daß es mit diesem Gegenstand schon einmal in Berührung gekommen ist. Ältere Kinder werden sich sprachlich äußern können!

Kleinkinder können auf den entsprechenden Gegenstand zeigen oder ihn in die Hand nehmen.

— Auf den Körper des Kindes werden verschiedenartige Gegenstände gelegt. Das Kind nimmt diese und berührt an der gleichen Stelle, an der es das entsprechende Material gespürt hat, die Körperteile des Erwachsenen oder auch einer Puppe. Dabei äußert es sprachlich, ob diese Berührung angenehm oder unangenehm ist.

— Das Kind wird mit kleinen Stäbchen oder Nadeln berührt. Nur Erwachsene sollten Stecknadeln, Stricknadeln o. ä. spitze Gegenstände heraussuchen. Vorsichtig werden einzelne Körperpartien berührt, die von dem Kind benannt werden.

— Das Kind wird genau zeitgleich mit zwei spitzen Gegenständen berührt. Es soll erkennen, daß es an zwei unterschiedlichen Stellen „gepiekst" wurde. Je entfernter diese beiden Punkte voneinander liegen, desto deutlicher kann es diese unterscheiden. Je dichter die Nadelstiche beieinander sind, desto stärker „wachsen" sie zu einem Berührungspunkt „zusammen".
Diese Übung sollte nur für die Kinder herausgesucht werden, die sensibel reagieren. Ihnen muß bewußt sein, daß sie andere Personen mit Nadeln verletzen können.

— Das Kind liegt oder sitzt auf dem Boden und hat die Augen geschlossen. Der Erwachsene nähert sich leise und tippt das Kind an verschiedenen Körperteilen vorsichtig an. Diese Berührung kann zart, aber auch ein Schnipsen oder leichtes Kneifen sein. Anschließend berührt das Kind den Erwachsenen.

— Eltern und Kind bzw. zwei Kinder sitzen sich gegenüber und berühren sich mit ihren Körpern. Sie reiben ihren Rücken aneinander, ihre Schultern, ihre Beine, ihr Gesäß, ihre Ohren oder Nasen, ihre Fingerspitzen und Füße usw. Dabei versuchen sie, nicht den Kontakt zu verlieren. Das gleiche kann über Materialien erfolgen. Zwischen den Paaren befindet sich ein Stück Watte, ein Tuch oder ein Luftballon. Dieser Gegenstand muß zwischen beiden Körpern festgehalten und hin und her bewegt werden.

— Das Kind legt seine Finger auf die ausgestreckte Hände der Eltern. Vorsichtig führt der Erwachsene das Kind durch den Raum. Nicht über ein Festhalten, sondern nur durch die leichte Berührung soll das Kind gelenkt werden. Diese Steuerung kann ebenso über den ganzen Körper erfolgen. Indem die Paare sich an der Schulter berühren oder die Rücken aneinanderlegen, laufen sie durch den Raum. Es ist für ein Kind besonders angenehm, rollende Gegenstände auf seinem Körper zu spüren. Es liegt auf dem Rücken oder Bauch, während der Erwachsene einen Luftballon oder weichen Ball langsam in kreisenden Bewegungen über Kopf, Nacken, Schultern, Bauch oder Rücken, Arme und Hände, Gesäß oder Becken, Beine und Füße rollt. Das Rollen erfolgt vom Kopf über die Arme zu den Füßen und langsam wieder von unten nach oben. Leichte, beruhigende Musik begleitet diesen angenehmen Ruhezustand. Auch das Kleinkind kann den Ball über den Erwachsenen vorsichtig rollen und lernt dabei, behutsam mit einem Partner umzugehen.

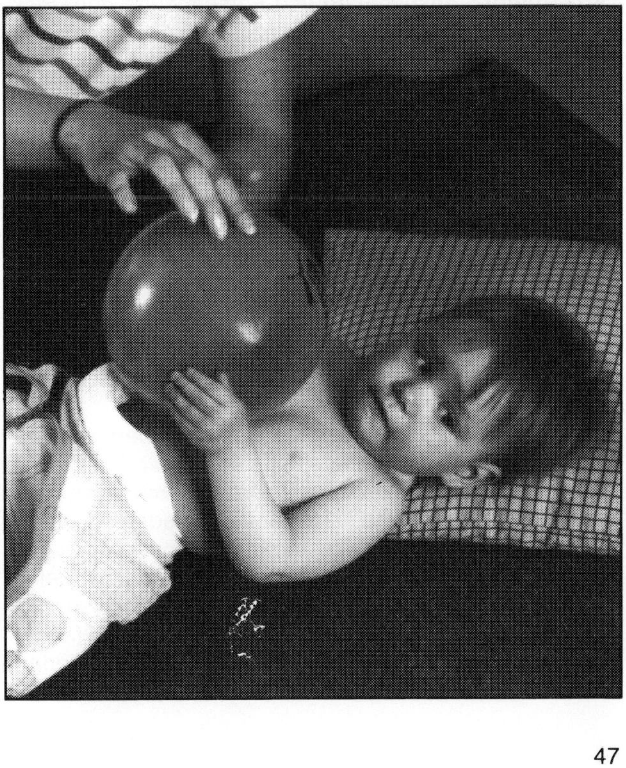

— Die Erwachsenen, bei einer größeren Gruppe auch mehrere Kinder, legen sich auf den Boden. Die Kinder rollen über die dort Liegenden. Baut man eine leicht schräge Ebene, macht das Hinüberkugeln noch mehr Spaß.

9 Körperwahrnehmung
Altersgruppe ab: 3 Jahre

Medien: *Gewichte*
Wärmflasche
Eis
Bänder (Seile)

Förderschwerpunkt: *Körperbewußtwerdung*

Die richtige Körperbeherrschung kann durch ein Wechselspiel von Muskelanspannung und -entspannung gelernt werden. Der bewußte Einsatz der Muskeln ist für kleine Kinder nicht einfach. Lösen und Spannen sind zwar natürliche Funktionen, die über den kinästhetischen Sinn in dem Körper mehr oder weniger unbewußt ablaufen und ohne die der Mensch überhaupt nicht existieren kann. Das Kind soll aber auch die bewußte Kontrolle über seinen Körper erlangen. Es soll die Schwere seines Körpers, aber auch das leichte Gefühl empfinden, Wärme und Kälte spüren. Wenn das Kind lernt, diese Funktionen zu steuern, ist es notwendig, daß ihm seine Abläufe auch deutlich werden. Die sprachliche Begleitung seiner Handlungen durch den Erwachsenen bzw. das Kind selbst sind unabdingbare Notwendigkeit, um die Verbindung von Bewegung und begrifflicher Zuordnung zu knüpfen. Das Kind soll sich seiner einzelnen Körperteile und Funktionen bewußt werden. Die Kontrolle der isolierten Bewegungen ist Voraussetzung für das koordinierte Zusammenspiel von Muskeln und Sinnen.

Lernsituaton: *Anspannung und Entspannung der Muskulatur.*
Wahrnehmung einzelner Körperteile.

Für diesen Übungsbereich soll ein Raum ausgewählt werden, in dem sich Erwachsene und Kinder wohlfühlen, d. h. ein warmer und weicher Untergrund, auf dem man liegen kann — am besten auf dem Fußboden —, ebenso nicht zu grelles Licht und eine angenehme warme Temperatur. In einem geschlossenen Raum werden die Kinder konzentrierter sein als im Freien. Die Materialien Eis bzw. Wärmekissen (auch Heizkissen oder Heizsonne) dienen dazu, den Körper zu reizen und dem Kind zu erleichtern, sich auf einzelne Körperpartien zu konzentrieren. Auch die Gewichte wie Sandsack oder Steine helfen, ein Schwereempfinden — und bei Entfernung — das Gefühl für Leichtigkeit zu verstärken.

Übungsvorschläge:

— Die Kinder liegen auf dem Boden und haben die Augen geschlossen. Die Eltern legen auf einzelne Körperteile einen Gegenstand, z. B. einen Stein auf die Hand, und das Kind soll das entsprechende Körperteil bewegen bzw. sagen, wo sich der Gegenstand befindet. Das gleiche kann mit verschieden schweren Materialien ausprobiert werden (Holzstück, Feder, Münze usw.). Es können auch gleichzeitig mehrere Materialien auf die Körperteile wie Knie, Nacken, Rücken usw. gelegt werden. Das Kind nimmt diese herunter bzw. äußert, auf welchem Körperteil sich der Gegenstand befindet. Bei kleinen Kindern begleitet der Erwachsene seine Handlung über Sprache: ,,Ich lege den Baustein auf deinen Bauch'' oder ,,Ich lege die Feder auf deine Nase'' usw., damit das Kind die Benennung der Körperteile versteht und zuordnen kann.

— Das Kind legt entsprechende Materialien auf die Körperteile des Erwachsenen bzw. eines anderen Kindes, die von dem liegenden Partner benannt werden.

— Auf einzelne Körperteile wird die Wärmflasche gelegt. Das Kind soll angenehme Gefühle mit dieser Wärmereizung verbinden und sich auf das entsprechende Körperteil konzentrieren. Das gleiche wird mit einem Stückchen Eis probiert, um basal zu stimulieren. Die Empfindungen, vor allen Dingen von Wärme, sind Grundvoraussetzung zur Fähigkeit, sich zu entspannen.

— Auf verschiedene Körperteile werden Gewichte gelegt, z. B. Sand und Steine. Das Kind deutet auf die entsprechenden, mit Gegenständen belasteten, Körperteile, versucht sich vorsichtig zu erheben und sich so behutsam fortzubewegen, daß die Teile nicht hinunterfallen. Wenn diese Gewichte entfernt sind, sollte es ein leichteres Gefühl empfinden und dieses auch in irgendeiner Form äußern können. Diese Übungsform kann auch in einem Sandkasten oder am Strand ausprobiert werden. Die Kinder werden immer mehr mit Sand zugedeckt, bis sie sich schließlich nicht mehr bewegen können. Sie versuchen anschließend, sich zu befreien.

— Nach diesen Schwere- und Wärmeübungen können Kinder in einen Entspannungszustand allein über sprachliche Suggestion gebracht werden (Formen des autogenen Trainings). Der Erwachsene beschreibt mit ruhiger Stimme dem auf dem Boden liegenden Kind, daß seine Arme und Beine schwer sind, daß sein Körper wie ein Mehlsack und fest am Boden verankert ist. Ebenso wird das Kind, nach den Erfahrungen mit dem Wärmekissen, allein über sprachliche Suggestion empfinden, daß seine Arme warm werden, sein Bauch warm wird und die Temperaturen in seinen ganzen Körper ausstrahlen. Der ruhige und gelöste Zustand kann noch dadurch verstärkt werden, daß beruhigende Musik im Hintergrund leise gespielt wird. Bei regelmäßiger Übung werden die Kinder lernen, sich über einen immer längeren Zeitraum (bis zu 5 Min.) zu entspannen. Manche Kinder werden sogar einschlafen. Man erklärt den Kindern, wenn sie wieder munter sind bzw. aufstehen sollen, daß die Sonnenstrahlen wieder verschwinden, es langsam kühl wird, daß die in ihrer Vorstellung vorhandenen schweren Sandkissen vom Körper genommen werden und sie sich wieder leicht fühlen. Sie sollen sich am Boden tüchtig recken und strecken, gähnen und die Augen wieder öffnen.

— Das Kind liegt auf dem Boden. Der Erwachsene drückt einzelne Körperpartien (Hand, Oberarm, Fuß, Oberschenkel, Gesäß, Kopf usw.) gegen den Boden. Das Kind versucht, dieses Körperteil anzuheben.

— An verschiedenen Körperteilen (Oberschenkel, Beine, Arme, Bauch) werden Bänder befestigt. Der Erwachsene zieht an der Kordel und hebt dieses Körperteil an. Es soll anschließend wieder locker auf den Boden fallen. Das gleiche wird in der Fortbewegung geübt. Das Kind versucht, auf allen vieren fortzukriechen bzw. auch fortzulaufen. Der Erwachsene zieht es am Band zurück. Interessant wird es, wenn mehrere Personen an den Bändern vorsichtig ziehen, das Kind also schnell wechselnde Richtungen erspüren muß. Das gleiche kann mit einem breiten Gummiband ausprobiert werden. Das Kind bewegt sich in eine Richtung fort. Das um seinen Körper (Bauch) gelegte Band zieht es immer wieder an die Ausgangsposition zurück.

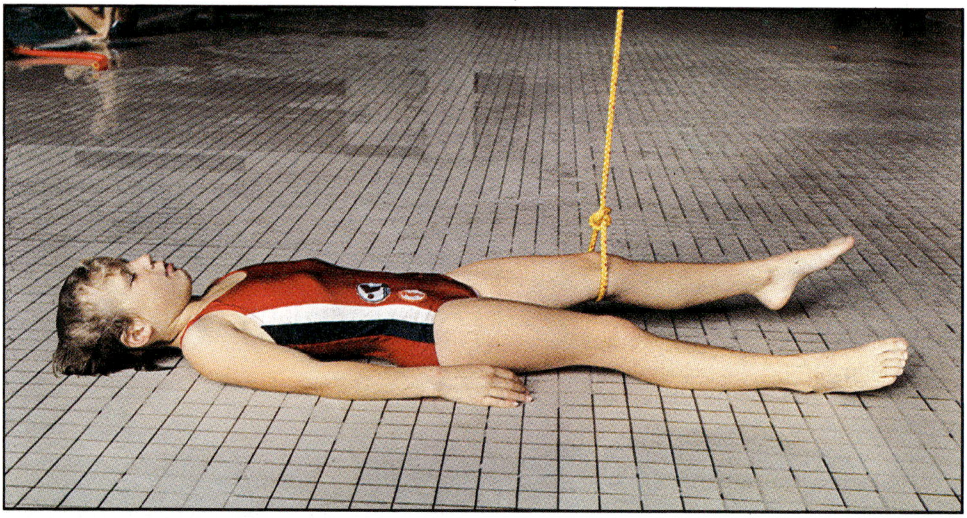

— Während das Kind auf dem Boden liegt, bewegt es einzelne Körperpartien, z. B. nur seinen Bauch, seine Schultern, einen Zeh usw. Der Partner beobachtet das Kind und hält das sich bewegende Körperteil fest. Dem Kind wird es sehr viel Freude machen, auch bei dem Erwachsenen diese sich bewegenden Körperpartien zu erhaschen.

— Es werden jeweils einzelne Körperteile bewegt. Auf Anweisung des Erwachsenen oder Kindes bzw. auf ein akustisches Signal hin hält das Kind in der Bewegung inne und bewegt dann diese Körperpartie wieder.

— Die einzelnen Glieder werden von außen nach innen in Bewegung versetzt. Man bewegt zuerst die Finger, dann die ganze Hand, den Unterarm und den Oberarm bzw. erst die Zehen, dann Fuß, Unterschenkel und Oberschenkel. Anschließend stellt man diese Körperteile von innen nach außen heraus wieder ruhig.

— Das Kind liegt auf dem Bauch. Es versucht, im Zeitlupentempo aufzustehen, d. h. die Arme anzuziehen, die Knie anzuwinkeln, Hände und Füße aufzusetzen, Ellenbogen und Knie zu strecken und sich langsam aufzurichten. Entsprechende rhythmisch betonte Musik oder ein punktiert angeschlagener Gong helfen, daß die einzelnen Körperteile mit ausreichenden Pausen langsam aufgerichtet werden können. Ebenso langsam kann man vom Stand über das Knien zum Liegen kommen.

— Das Kind, bzw. im Wechsel der Erwachsene, liegt auf dem Boden. Es wird von seinem Partner aufgerichtet. Der Liegende sollte sich nicht aktiv bewegen, sondern bewegt werden.

— Das Kind liegt entweder auf dem Rücken oder kniet auf allen vieren. Auch kann es sich rücklings auf alle viere stützen. Der Partner legt mehrere Gegenstände auf den Körper (Steinchen, Hölzer, Sandsäckchen, Styroporstückchen). Das Kind soll sich fortbewegen, ohne daß die Gegenstände herunterfallen.

— Das Kind bewegt sich auf allen vieren oder im aufrechten Gang. Zwischen seinen Knien, Achselhöhlen oder Ellenbogen, die dicht am Körper angelegt sind, werden kleine Gegenstände eingeklemmt (Taschentuch, Schwamm, Stab usw.). Das Kind bewegt sich fort und soll diese Materialien nicht fallen lassen. Es ist sinnvoll, die Anzahl dieser Materialien je nach Geschicklichkeit der Kinder zu steigern.

— Kleine pantomimische Darstellungen eignen sich auch zur Förderung der Muskelanspannung bzw. -entspannung. Von musikalischer Begleitung untermalt, können sich die Kinder in eine Fantasiewelt versetzen, z. B. wird ein Samenkorn in den Boden gesteckt, welches mit Wasser übergossen wird. Der Erwachsene spielt die Gießkanne. Das Pflänzchen beginnt zu wachsen, die Blüte öffnet sich und fängt die Sonne ein. Im Herbst verwelkt die Blume und sinkt zusammen. Auch Themen wie ,,Bäume im Wind'' oder ,,Schlangenbeschwörung'' sind besonders geeignet, die Körperwahrnehmung zu fördern.

— Die Kinder liegen zusammengekauert auf dem Boden. Der Erwachsene schnürt sie mit Bändern zu einem Paket zusammen. Die Knie müssen angewinkelt werden, der Oberkörper die Oberschenkel berühren, die Arme umfassen die Knie. Das Kind spürt, daß es in seiner Bewegung völlig eingeengt ist.

Aus dieser Situation heraus läßt sich ein kleines Spiel entwickeln: Das Paket wird zur Post gebracht und geht auf eine lange Reise. Am Ankunftsbahnhof bringt der Postbote es einer lieben Person, die das Paket wieder auswickelt.

10 Körperwahrnehmung
Altersgruppe ab: 3 Jahre

Medien: *verschiedene Klanginstrumente*

Förderschwerpunkt: *Akustische Schulung*

Kleine Kinder nehmen die Geräusche unserer Umwelt sehr komplex auf. Je älter sie werde, desto genauer lernen sie zu differenzieren. Sie können die Richtung der Geräuschquelle herausfinden, einzelne Signale unterscheiden und diese Klänge auch zuordnen. Der Bereich der akustischen Schulung erfordert eine starke Konzentration. Eine Richtung muß ,,angepeilt'' werden, Tonfrequenzen müssen unterschieden und die Bedeutung der Signale — besonders bei gesprochenen Wörtern — erkannt werden. Mit Hilfe des Gehörs orientiert sich der Mensch in seiner Umwelt. Das Auge sowie der taktile Sinnesbereich unterstützen diesen Wahrnehmungsprozeß. Über das Gehör werden die Entfernungen eingeschätzt und die Richtung geortet. Alle diese Sinne sind gleichermaßen an diesem Orientierungsvorgang beteiligt. Fällt das Auge z. B. aus, übernehmen andere Sensorien dessen Funktion, wobei die Leistungen des Gehörs und der taktilen Empfindungen erhöht werden. Ganz besonders haben die Betreuungspersonen darauf zu achten, ob das Kind diese Töne überhaupt wahrnehmen und sich der Tonquelle zuwenden kann. Störungen der akustischen Wahrnehmung können über diese Übungsbereiche deutlich zutage treten. Neben dem Erkennen von Tönen wird sich das Kind an bekannte Geräusche erinnern und herausfinden, wie akustische Signale selbst produziert werden können.

Nicht nur mit einfachen Klanginstrumenten, sondern auch mit dem eigenen Körper können Geräusche erzeugt werden. Durch ein variationsreiches Spiel lernt das Kind auch, Tonhöhe und Tempo zu unterscheiden und selbst diese verschiedenartigen Klänge auszulösen. Jüngere Kinder müssen erst noch die Technik des Trommelschlagens bzw. Pfeifens erlernen.

Lernsituation: *Auf akustische Signale hören und reagieren.*
Selbst Klänge erzeugen.

Das Kind oder mehrere Kinder befinden sich mit ihren Bezugspersonen in einem nicht zu engen Zimmer. Je weniger Mobiliar und Nischen dieses besitzt, desto klarer können die Signale aufgenommen und verarbeitet werden. Der Raum muß möglichst wenig Geräusche aus der Außenwelt eindringen lassen, und die Kinder dürfen in diesem Übungsbereich wenig gestört werden. Es ist nicht nötig, teure Klanginstrumente (Orff) anzuschaffen. Rasseln, Dosen, Töpfe, Hölzer, Glocke, Pfeife usw. werden bei diesem Spiel eingesetzt.

Übungsvorschläge:

— Verschiedene Klanginstrumente (s. o.) werden auf den Boden gelegt. Das Kind probiert die einzelnen Instrumente aus und gibt dem Betreuer zu verstehen, welche Geräusche es als angenehm bzw. unangenehm empfindet. Das Kind unterscheidet laute und leise Töne und versucht, auf dem Boden eine Reihefolge aufzustellen, d. h. es ordnet die Instrumente vom leisesten bis zum lautesten Ton.

— Das Kind wählt sich ein Instrument aus und schlägt es in einem bestimmten Rhythmus (Metrum). Der Betreuer klatscht dieses Zeitmaß nach; im Wechsel übernehmen Kind und Erwachsener das Anschlagen dieses bzw. weiterer Klanginstrumente.

— Der Lehrende betätigt ein Instrument. Die Kinder bewegen sich dem Rhythmus angepaßt im Raum. Anschließend schlägt ein Kind das Instrument.

— Mit den Händen werden Geräusche auf den Körper produziert: Schlagen auf die Oberschenkel, auf den Bauch, auf die Wangen, auf die Brust usw. Es kann versucht werden, diese Geräusche dadurch zu variieren, daß einmal nur die flachen Hände, dann die Fingerspitzen, die Fäuste usw. verwendet werden. Auch wird diese Übung dadurch abgewandelt, daß mit anderen Körperteilen wie Unterarmen, Füßen usw. geschlagen wird. Es wird das Kind besonders reizen, diese Töne auch bei seinem Partner zu erzeugen.

— Mit einem Instrument werden verschiedene Lautstärken ausprobiert. Sie können dadurch sichtbar gemacht werden, daß der Partner sich z. B. bei leisen Tönen nahe der Bodenoberfläche bewegt, während er bei lauten Tönen auf Zehenspitzen und mit über den Kopf gestreckten Armen durch den Raum geht.

— Der Partner sucht sich zwei und später weitere Instrumente aus. Das Kind bewegt sich auf diese unterschiedlichen Klänge in jeweils verschiedenen Fortbewegungsarten, z. B. beim Schlagen auf den Topf herumgehen und sich beim Erklingen des Glöckchens auf den Boden legen. Je mehr Instrumente genommen werden, desto stärker wird die Merkfähigkeit der Kinder angesprochen. Auch die Eltern bewegen sich nach den Instrumenten, die von ihrem Kind bedient werden.

Diese Spielform kann in einer größeren Gruppe als kleine Wettkampfform geübt werden: Ein Kind/Elternteil, welches die entsprechende Zuordnung vergessen hat, bleibt auf dem Boden sitzen, darf aber bei der nächsten Aufgabe wieder mitspielen.

— Das Kind liegt mit dem Rücken der Betreuungsperson zugewandt auf dem Boden bzw. steht in ca. 5 m Entfernung vom Betreuer entfernt (die Entfernung soll vergrößert bzw. muß bei Hörstörungen verringert werden). Dem Kind werden Worte — entweder Namen oder kleine Sätze wie „Am Fenster steht ein Stoffbär, hol' ihn" — zugeflüstert. Es soll diese Worte wiederholen bzw. diese Anweisung ausführen. Umgekehrt hören auch die Betreuer auf die geflüsterten Worte, die vom Kind möglichst leise übermittelt werden. Die Dosierung der Lautstärke wird den Kindern Schwierigkeiten bereiten, und sie müssen evtl. erst einmal üben, gleiche Worte in verschiedenen Lautstärken zu rufen bzw. zu flüstern. Kleine Sätze motivieren stärker als Instrumente. Deshalb werden z. B. ein Glöckchen, eine Mundharmonika oder Hölzer nur bei den Kindern eingesetzt, die Schwierigkeiten haben, sich sprachlich zu äußern bzw. Begriffe zu verstehen und sie wiederzugeben.

— Das Kind liegt auf dem Boden und hat die Augen bedeckt. Mit ausreichenden Pausen ertönen aus verschiedenen Richtungen unterschiedliche Signale. Das Kind zeigt in die Richtung, aus der der Ton erklingt. Das gleiche kann in der Fortbewegung geübt werden: man kriecht auf allen vieren bzw. geht in die Richtung, aus der die Tonquelle kommt.

— Das Kind sitzt auf dem Stuhl und hat die Augen geschlossen. Unter dem Stuhl liegen verschiedene Instrumente. Der Betreuer oder ein anderes Kind schleicht sich an den Stuhl heran und versucht, ein Instrument zu ,,klauen''. Sobald das Kind meint, daß sich der Herankommende in seiner Nähe befindet, versucht es, diesen zu berühren. Ist die Person abgeschlagen oder wurde das Instrument nicht lautlos entwendet, wird gewechselt. Besonders interessant wird es, wenn als Instrument ein Glöckchen ausgewechselt wird.

— Zwei Personen sitzen sich im Abstand von ca. 2 m und mehr gegenüber. In der Mitte befindet sich das Kind mit geschlossenen Augen. Die Partner wechseln ihre Plätze, wobei vom Kind versucht werden muß, eine Person abzuschlagen. Derjenige, der gefangen wurde, kommt in die Mitte. Diese Spielform macht mehr Spaß, wenn ein größerer Teilnehmerkreis mitspielt.

— Mehrere Personen stehen hintereinander und bilden mit ihren Händen ein Tor. Dabei halten sie ihre Augen geschlossen. Das Kind schleicht durch diese Tore hindurch. Es kann beim Durchkriechen von den Mitspielern, die das Tor bilden, berührt werden. Ist es nicht durch alle Tore hindurchgekommen, beginnt es erneut, leise durch die Tore zu kommen.

— Das Kind wählt sich ein Instrument aus und bewegt sich nach dem Klang durch den Raum. Es soll sein eigenes Tempo variieren, d. h. beim langsamen Gehen werden die Topfdeckel entsprechend diesem Tempo langsam geschlagen bzw. bei schnellem Lauf die Deckel heftig und rasch. Bei dieser Übung werden die Gesamtkörperkoordination und -konzentration stark beansprucht. Ein Pfeifen und Laufen wird dem Kind leichter fallen als ein Schlagen von Instrumenten mit den Händen und das gleichzeitige Laufen nach diesem Tempo. Das Spiel wird differenzierter, wenn mit einem gleichen Instrument unterschiedliche Klangmöglichkeiten erzeugt werden, d. h. daß z. B. bei schnellem Lauf die Deckel nicht mehr geschlagen, sondern aneinander gerieben werden.

(Vgl. auch „Förderschwerpunkt: . . . Kräftigung der Atmungsorgane. Kreativer Umgang mit dem Schleuderhorn“, S. 82.)

11 Körperwahrnehmung und Körpergeschick
Altersgruppe ab: 3 Jahre

Medien: *Klanginstrument*
Papier
dicker Stift

Förderschwerpunkt: *Körperschema*

In diesem Übungsbereich muß das Kind bereits die Erfahrung der Körperberührung gemacht haben. Es soll die einzelnen Körperzonen isoliert wahrgenommen und die einzelnen Körperteile kennengelernt haben. Ältere Kinder drücken durch die Sprache aus, daß sie die Berührung begrifflich zuordnen können. Die Einübung des Körperschemas bezieht sich auf die unbewußte aber auch bewußte Steuerung der Bewegung, das Zusammenspiel einzelner Muskelgruppen zueinander, d. h. der Koordination der Körperteile. Das harmonische Zusammenspiel von Muskeln, Nerven und Sinnen wird durch Körperschemaübungen geschult. Ist das Kind organisch und physiologisch gesund, wird es fähig sein, seinen Körper zu beherrschen und zu kontrollieren. Dabei spielen die Konzentrationsfähigkeit und der Wille eine nicht unerhebliche Rolle. Das Kind soll ein Gefühl für Körperhaltung und Gleichgewicht gewinnen. Es lernt, sich geschickt zu wenden und seinen Körper in Bezug zu Gegenständen angepaßt zu verändern.

Lernsituation: *Körper- und Bewegungskontrolle.*
Stellung des Körpers im Raum und in Bezug zu einem Gegenstand.

Schon wenn das Kind Bewegungen eines Menschen oder Tieres nachahmt, werden koordinative Fähigkeiten verlangt. Beim Kriechen auf allen vieren, beim Gehen, Treppensteigen, beim Hinlegen und Aufstehen, beim Anziehen usw. wird ein Zusammenwirken von einzelnen Körperteilen vorausgesetzt.

Wenn dieser meist unbewußt ablaufende Prozeß unterbrochen wird, kann er dem Kind bewußt gemacht werden. Die sich mehr oder weniger mechanisch vollziehende, fließende Bewegung wird abgestoppt und dem Kind über Optik und Sprache erläutert. Auch müssen die einzelnen Körperteile in ihren Funktionen erkannt und benannt werden.

In einem größeren Raum oder im Freien spielen Eltern und möglichst eine Gruppe von Kindern zusammen. Das Kind lernt so, seine Partner in ihrem differenzierten Bewegungsausdruck genauer zu beobachten. Ebenso wird der Kontakt zu anderen Kindern gefördert.

Übungsvorschläge:

— Die Kinder laufen im Raum. Auf ein akustisches Signal bleiben sie plötzlich stehen. Dabei sollen sie ihre Muskeln anspannen und sich nicht mehr bewegen. Anschließend können bei dem Abstoppen die Beine gespreizt und die Arme ausgestreckt werden. In dieser Position soll das Kind auch regungslos verharren.

— Wieder stoppen die Kinder nach dem Lauf plötzlich ab, bleiben ruhig stehen und bewegen dann nur ein von dem Erzieher genanntes Körperteil. Sie sollen z. B. nur die Hand drehen oder mit dem Kopf nicken oder mit dem kleinen Finger wackeln usw. Diese Übung wird reizvoller, wenn dasjenige Kind, welches zuerst steht, zur Belohnung das Kommando übernehmen kann und ansagt, welches Körperteil bewegt werden soll.

— Die Kinder stehen zu Paaren nebeneinander. Ein Kind wird vom Partner gedreht und muß plötzlich stehen bleiben. Das gleiche können Kinder auch alleine ausführen. Nach einem Tanz, bei dem sie rundherum hüpfen oder auf die Aufgabe hin: ,,Dreht euch wie Mühlräder'' — welche akustisch begleitet werden kann —, stoppen sie plötzlich ab und versuchen, aufrecht stehen zu bleiben.

Tanz zum Drehen

— Um die Bezeichnung der einzelnen Körperteile zu erlernen, ist es sinnvoll, ein Körpermännchen zu zeichnen und anhand dieses Bildes die Begriffe zu erklären.

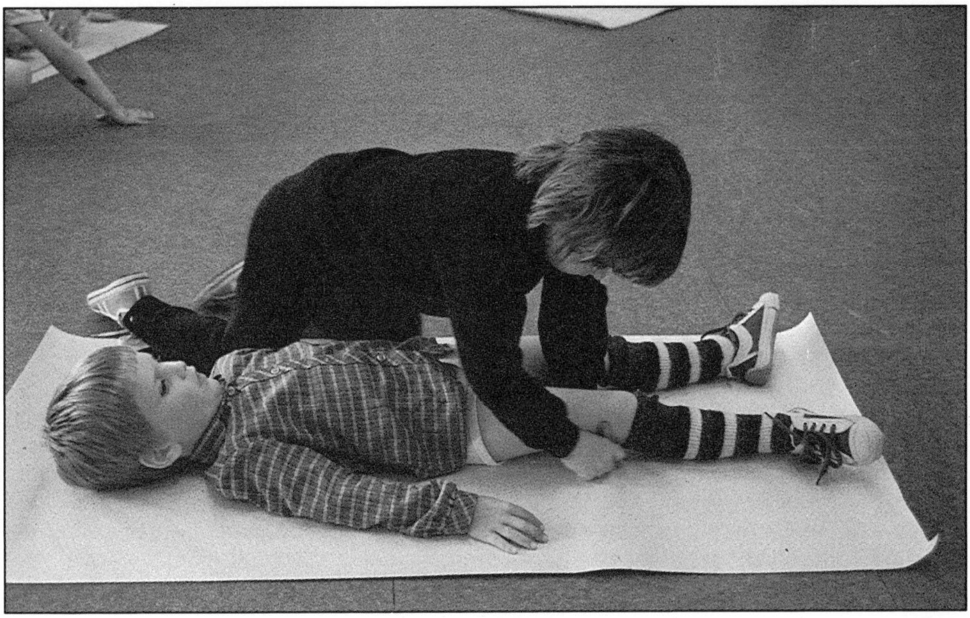

Immer muß dabei die Zuordnung zum eigenen Körperbild erfolgen. Auch ein Puzzle von einem Männchen, welches zusammengesetzt werden muß, übt die Vorstellung von dem eigenen Körper. Ebenso kann sich ein Kind auf den Boden legen, wobei der Erwachsene oder ein anderes Kind den Umriß aufzeichnet und die einzelnen Körperteile benennt sowie am eigenen Körper und an einer Puppe noch einmal zeigt.

— Auch das richtige Anziehen von Kleidungsstücken ist für Kleinkinder nicht selbstverständlich. Sie haben zu Anfang Schwierigkeiten, in die Hosenbeine bzw. Ärmel zu schlüpfen, setzen ihre Mütze schief auf den Kopf, verdrehen Strümpfe und Schuhe oder versuchen sogar, einen Pullover an den Beinen anzuziehen.

Ich ziehe meine Hose an — Inge Lotz, Rolf Krenzer

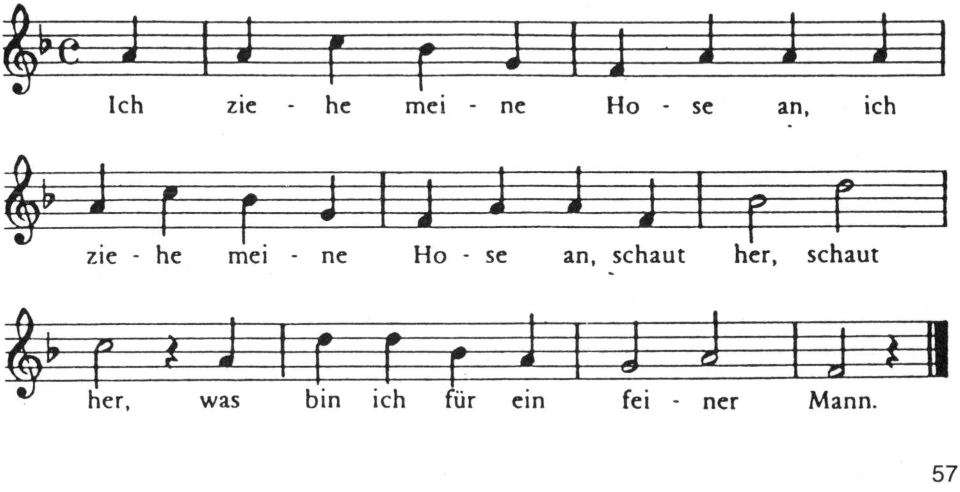

Ich ziehe den Pullover an . . .
Ich ziehe meine Strümpfe an . . .
Ich ziehe meine Schuhe an . . .
Ich ziehe meinen Mantel an . . .
Nun kommt zum Schluß die Mütze dran . . .

Ich ziehe meine Hose an,
Ich ziehe den Pullover an,
Ich ziehe meine Schuhe an,
Ich ziehe meinen Mantel an,
Nun kommt zum Schluß die Mütze dran.
Schaut her!
Schaut her!
Was bin ich für ein feiner Mann!

Die Strophen können einzeln gesungen werden. Dabei wird jeweils die entsprechende Aktion pantomimisch dargestellt. Einer steht dabei im Kreis. Es können auch jeweils die einzelnen neuen Zeilen hintereinander gesungen werden, so daß sich das Lied immer um eine Zeile erweitert.

Lotz, I. / Krenzer, R.: Mach mit uns Musik. Kaufmann-V., Lahr; Kösel-V., München 1983

Den Kindern werden mehrere Wäschestücke auf den Boden gelegt. Sie sollen sich oder ein anderes Kind, den Erwachsenen oder eine Puppe anziehen. Handelt es sich um unterschiedliche Größen, werden noch weitere Wahrnehmungsbereiche angesprochen. Der Erwachsene kann auch die Kleidungsstücke verkehrt anziehen, und das Kind muß ihm helfen, sich richtig zu bekleiden. Besonders motivierend wirkt ein Clown, der völlig hilflos vor den Kindern steht, seine Kleidungsstücke nicht richtig anziehen kann und die Kinder bittet, ihm behilflich zu sein.

— Auf den Boden wird eine Gliederpuppe gelegt. Das Kind steht davor und ahmt die Körperstellung nach. Hierzu eignen sich ein in seinen Gliedern beweglicher Hampelmann, ein Körperschemamännchen oder auch eine Schaufensterpuppe. Ebenso kann ein Kind die Glieder der Puppe so anordnen, wie ein zweites Kind oder ein Erwachsener gerade im Raum liegt oder steht.

— Ein Kind steht vor der Gruppe und macht eine bestimmte Haltung vor, die von allen anderen Kindern nachgeahmt wird.

— Ein Kind ,,formt'' aus seinem Partner ein Standbild, d. h., es schiebt und dreht dessen Arme, Beine, Kopf und Rumpf in eine interessante Position. Es können auch mehrere Kinder zu einem Standbild ,,zusammengebaut'' werden. Es ist sicher lustig, diesem Bild einen Namen zu geben. Es ist günstig, dieses Bild auf einem Film/Foto festzuhalten, so daß man mit den Kindern darüber reden kann und die differenzierten Körperstellungen bewußt werden.

— Das Kind oder der Erwachsene nimmt eine bestimmte Position ein. Der Partner schaut sich diese genau an und wendet sich dann ab. Anschließend wird die Stellung einer Körperpartie — bei älteren Kindern mehrere — verändert. Das Kind betrachtet das „Bild“ erneut und soll erkennen, welches Körperteil eine andere Position eingenommen hat.

— Die Kinder ahmen Positionen von Tieren und Gegenständen nach. Sie bilden mit ihrem Körper eine „Brücke“, einen ,,Flieger'' (in Standwaage gehen), rollen sich zu einer Schnecke zusammen oder stehen wie ein Storch auf einem Bein usw. Diese Bewegungsformen können auch in ein kleines Spiel eingekleidet werden. Die Kinder laufen auf Musik (Spiel auf Instrumenten oder Cassette) im Raum. Der Spielleiter (Erwachsener oder Kind) ruft entweder ,,Wasser'', ,,Feuer'', ,,Luft'' oder ,,Blitz''. Auf den Ruf

,,Wasser'', bilden die Kinder z. B. mit ihrem Körper eine ,,Brücke'', auf ,,Feuer'' sollen sie sich ,,auf der Flucht'' befinden, d. h. Beine und Arme im Stand wegspreizen und in dieser Position verharren. Auf ,,Luft'' stehen sie zu einem ,,Flieger'' und auf den Ruf ,,Blitz'' legen sie sich flach auf den Boden und strecken alle viere von sich. Bei diesem Spiel ist auch die Merkfähigkeit angesprochen. Je jünger die Kinder sind, desto weniger Begriffe können verwendet werden.

— Bei dem Spiel ,,Ochs am Berg, 1, 2, 3'' steht ein Kind mit dem Rücken zur Gruppe und ruft ,,Ochs am Berg 1, 2, 3''. Alle Kinder bewegen sich während des Rufens auf allen vieren auf den Rufenden zu. Dieser dreht sich jedoch nach dem Ruf schnell um, worauf die Kinder in ihrer Bewegung verharren müssen. Das Kind, welches sich noch bewegt, geht an die Ausgangslinie zurück und fängt von vorne an. Derjenige, der den Rufer als erster berührt, darf seine Rolle übernehmen.

— Das Kind soll in diesem Übungsbereich auch lernen, die Stellung seines Körpers in Beziehung zu einem Gegenstand bewußt wahrzunehmen. Kleine Aufgaben wie ,,setz dich auf den Stuhl'', ,,stelle dich neben den Stuhl — vor den Stuhl — hinter den Stuhl'', ,,krieche hinter den Stuhl'' und ,,stehe auf dem Stuhl'', verbessern sein Vorstellungsvermögen. Diese Übungen können mit Kisten, Tonnen, Tischen, Kartons usw. geübt werden. Auch das Kind stellt dem Erwachsenen eine solche Aufgabe, wobei es ihn korrigieren kann, wenn er etwas falsch gemacht hat. Gleichzeitig können die Begriffe ,,rechts'' und ,,links'' mit einbezogen werden. Es ist wichtig, daß die Anweisungen deutlich gegeben werden und die Betonung auf den Präpositionen liegt. Dieser Schulungsbereich erweitert ebenso den Wortschatz des Kindes.

— Der Erwachsene steht vor der Gruppe und gibt allein über Handzeichen die Anweisung, daß sich die Kinder ihm nähern, sich von ihm entfernen, nach rechts oder links bzw. in die Knie gehen oder sich auf die Zehenspitzen stellen sollen. Er kann später seine Anweisungen mit Sprache begleiten. Auch kann ein Kind die Rolle des ,,Dirigenten'' übernehmen. Ältere Kinder können versuchen, genau die gegensätzliche Handlung auszuführen. Wenn z. B. ,,nach vorne'' gerufen wird, bewegen sie sich rückwärts, wenn man zur linken Seite zeigt, gehen sie nach rechts usw.. Sie müssen sich sehr stark auf ihre Bewegungsausführung konzentrieren.

— Die ganze Gruppe bewegt sich als Schlange auf Musik oder singend im Raum. Sie kann z. B. in einen Sprechgesang einstimmen: „rechts herum und rechts herum", während sie sich in Rechtskurven fortbewegt. Auf den Ruf „links herum und links herum" ändert sie die Richtung nach links. Auch die Rufe „rückwärts, rückwärts" oder „zur Seite, zur Seite" können je nach Entwicklungsstand der Kinder einbezogen werden.

Wir gehen rundherum im Kreis Melodie: Inge Lotz / Text: Rolf Krenzer

Wir gehen rundherum im Kreis,
und alle gehen mit.
Du gehst mit,
und du gehst mit,
und du gehst mit.
Wir gehen rundherum im Kreis,
und alle gehen mit.

Wir geben uns die Hände nun,
und alle machen mit.
Du machst mit . . .

Wir gehen alle rechtsherum,
und alle gehen mit.
Du gehst mit . . .

Wir gehen alle linksherum,
und alle gehen mit.
Du gehst mit . . .

Wir laufen rundherum im Kreis,
und alle laufen mit.
Du läufst mit . . .

Wir laufen alle rechtsherum,
und alle laufen mit.
Du läufst mit . . .

Wir laufen alle linksherum,
und alle laufen mit.
Du läufst mit . . .

Wir hoppeln alle rechtsherum,
und alle hoppeln mit.
Du machst mit . . .

Wir hoppeln alle linksherum,
und alle hoppeln mit.
Du machst mit . . .

Wir galoppieren rechtsherum,
und alle machen mit.
Du machst mit . . .

Wir galoppieren linksherum,
und alle machen mit.
Du machst mit . . .

Wir schleichen alle rechtsherum,
und alle schleichen mit.
Du schleichst mit . . .

Wir schleichen alle linksherum,
und alle schleichen mit.
Du schleichst mit . . .

Wir gehen aufeinander zu,
und alle gehen mit.
Du gehst mit . . .

Wir klatschen in die Hände dann,
und alle klatschen mit.
Du klatschst mit . . .

Wir gehen in den Kreis zurück,
und alle gehen mit.
Du gehst mit . . .

Wir gehen rundherum im Kreis,
und alle gehen mit.
Du gehst mit . . .

Wir gehen im Kreis herum und fordern alle auf, mitzukommen. Dabei werden verschiedene Gangarten linksherum und rechtsherum ausprobiert.

Lotz, I. / Krenzer, R.: Wir sind die Musikanten. Kaufmann-V., Lahr und Kösel-V., München 1979

12 Körperwahrnehmung und Körpergeschick
Altersgruppe ab: 3 Jahre

Medien: *Schwimmbecken/Badewanne*
Tischtennisbälle
Schleuderhorne
Ringe

Förderschwerpunkt: *Gewöhnung an das Element Wasser*

Die Kinder gewinnen an Sicherheit im Wasser, wenn sie über besondere Geräte von dem neuen Element abgelenkt werden. Die Schleuderhorne wecken die Aufmerksamkeit der Kinder, so daß besonders Ängstliche das Wasser um sich herum vergessen. Das Schleuderhorn verleitet zum Hineinblasen, zum Transport von Wasser und zum Bespritzen. So soll über diesen Spielgegenstand eine Wassergewöhnung erreicht werden, gleichzeitig können auch Klangsignale übermittelt werden, das Kind also zu einer akustischen Schulung angeregt werden.
(Vgl. auch „Förderschwerpunkt: . . . Kräftigung der Atmungsorgane", S. 79.)

Lernsituation: *Mit Wasser in Kontakt treten*

Eltern können dieses Spiel mit dem Schleuderhorn auch in der Badewanne durchführen, besser eignet sich aber ein Schwimmbecken mit warmem Wasser. Die Betreuungspersonen müssen bei diesen Übungen mit ihrem Kind/den Kindern in das Wasser gehen und unbedingt mitspielen.

Übungsvorschläge:

— Das Kind nimmt ein Schleuderhorn in die Hand und probiert selbst aus, welche Möglichkeiten das Gerät bietet: Es kann auf das Wasser schlagen, im Rohr Wasser tragen und es dem Erwachsenen über den Körper schütten, es kann das Rohr in der Luft drehen und Töne erzeugen, aber auch das Wasser durch das Rohr blasen bzw. ansaugen . . .

— Das Rohr wird an den Enden angefaßt, der Erzieher geht mit dem Kind kreuz und quer durch das Wasser — eine Gruppe als Schlange. Die Führungsrolle wird immer gewechselt: Einmal

führt der Erwachsene, dann das Kind. Mit dem Rohr kann ein Tor gebildet werden, durch das gegangen werden kann. Je dichter sich das Schleuderhorn über der Wasseroberfläche befindet, desto enger kommt das Gesicht des Kindes mit dem Wasser in Berührung.

— Alle Personen bilden einen Kreis und fassen sich jeweils an den Rohrenden. Man bewegt sich nach rechts und links, geht nach innen und außen. Wenn sich jedes zweite Kind im Kreis auf das Wasser legt, spürt es die tragende Wirkung. Es wird langsam im großen Kreis herumgeführt und kann die Augen dabei schließen.

— Das Kind faßt das Rohr in der Mitte. Der Erwachsene zieht es in Bauch bzw. Rückenlage durch das Wasser. Mit leichten Pendelbewegungen kann das Kind auch im Wasser hin und her geschwungen werden.

— Die Eltern fassen zwei Rohre an den Enden und bilden eine Sitzmöglichkeit. Das Kind hockt auf den Rohren und wird durch das Wasser getragen. Das gleiche erfolgt in Rücken- bzw. Bauchlage auf den Rohren.

— Eltern und Kind bemühen sich, möglichst viele Variationen zum Tragen bzw. Ziehen durch das Wasser herauszufinden, ohne daß das Rohr mit den Händen gefaßt wird: Das Schleuderhorn kann unter die Schultern gelegt, es kann zwischen die Beine oder Füße geklemmt oder mit den Zähnen gehalten werden und das Kind in dieser Weise durch das Wasser gezogen werden.

— Eltern und Kind blasen Fontänen in die Luft, es kann ein kleiner ,,Brunnen'' entstehen, aus dem Wasser sprudelt oder im hohen Bogen durch die Luft spritzt.

— Mit dem Rohr wird Wasser über den Partner geschüttet, über Schultern, Arme, evtl. auch Füße (auf einem Bein im Wasser stehen) und schließlich über den Kopf. Man kann sich auch gegenseitig mit Wasser anblasen.

— Das Kind befindet sich dicht unter der Wasseroberfläche und hält das Rohrende an sein Ohr. Der Betreuer oder ein anderes Kind ,,telefonieren'' von außen mit dem Kind unter Wasser. Anschließend muß gewechselt werden.

— Ein Tischtennisball wird mit Hilfe des Rohres über das Wasser bzw. dem Partner zugeblasen. Dieses Spiel kann auch als kleiner Wettkampf ausgetragen werden: Welcher Ball ist zuerst auf der anderen Seite?

— Kind und Eltern versuchen, einen Tischtennisball mit dem Rohr anzusaugen. Man kann sich diesen Ball auch gegenseitig mit dem Rohr übergeben. Alle auf dem Wasser schwimmenden Bälle werden angesaugt und in einen Behälter gelegt.

— Das Schleuderhorn kann auch zum ,,Angeln'' benutzt werden. Ringe werden vom Beckenboden heraufgeholt, oder ein zugeworfener Ring wird mit dem Rohr aufgefangen.

13 Körperwahrnehmung und Körpergeschick
Altersgruppe ab: 3 Jahre

Medien: *unterschiedliche Bodenbeschaffenheiten*
Reifen
Pappwalze
Faß, Tonne
Autoreifen
Teppich, Matte
Bälle, Kugeln

Förderschwerpunkt: *Bewußtmachen der Rollbewegung*

Der Säugling wird in den ersten Lebensmonaten von seinen Betreuern gehoben, gedreht und gewendet. Er hat Schwierigkeiten, seinen schweren Rumpf selbständig zu steuern. Drehbewegungen des Kopfes und der Glieder fallen ihm dagegen leichter. Schaukelbewegungen kann das Kleinkind schon im Liegen, damit verbundene Vor- und Rückbewegungen erst in dem Stütz — Wippen beim Robben und Kriechen — bzw. im Sitzen ausführen.

Verwringungen des Rumpfes sind meist kraftvoll und mit großer Anstrengung verbunden. Der Versuch des Drehens um die Längsachse wird um den vierten Lebensmonat unternommen. Das Kind rollt sich meist erst nach dem Laufenlernen willentlich um die Querachse (Purzelbaum). Es soll hier versucht werden, den Raumlagesinn variationsreich über ein Drehen und Wälzen zu schulen.

Lernsituation: *Wälzen und Rollen.*

Auf einer großen Matratze oder einem Teppichboden können die ersten Erfahrungen des Wälzens und Rollens gemacht werden, aber auch das natürliche Gelände mit kleinen Abhängen, einer Rasenfläche oder weichem Moos sind wesentliche Erfahrungsräume, die unbedingt einbezogen werden müssen. Die rundliche Körperhaltung beim Rollen ist für das Kind eine natürliche Stellung. Bereits im Mutterleib hat es in dieser Embryohaltung vorharrt und schon „Purzelbäume" geschlagen. Eine Rollbewegung kann den Kindern über sich drehende Kugeln und Bälle mit entsprechender musikalischer Begleitung verdeutlicht und bewußt gemacht werden. Das Drehen um die Querachse wie auch das Wälzen um die Längsachse können mit entsprechender Muskelanspannung ohne Anstrengung ausgeführt werden. Eine schräge Ebene unterstützt diese Bewegung. Passiv kann das Kind eine Roll- und Wälzbewegung erfahren, indem es in eine walzenähnliche Rolle (z. B. Papptonne, um die Teppichböden gewickelt sind) oder einen Autoreifen kriecht und vom Betreuer gerollt wird.

Übungsvorschläge:

— Eltern und Kind sitzen sich gegenüber und rollen sich verschiedenartige Bälle und Kugeln auf einer flachen und schrägen Ebene zu. Dadurch, daß einmal ein Plastik- oder Gummiball, einen Noppen- oder Klingelball, eine Holz- oder Metallkugel, Glasperlen, ein Luftballon oder auch verschiedene Reifen ausgewählt werden, gewinnt das Kind die Erfahrung, daß man unterschiedlich schnell rollen kann. Die Bewußtwerdung wird dadurch verstärkt, daß die einzelnen rollenden Materialien unterschiedlich klingen. Die Kinder schließen bei dem Rollen der Gegenstände die Augen und horchen auf die sich entfernenden bzw. nähernden Kugelgeräusche.

— Auf einem großen Tuch liegt ein Ball. Er wird durch Heben und Senken des Tuches hin- und hergerollt. Besonders viel Spaß macht den Kindern, den Weg des Balles zu steuern. So bestimmen sie vorher, welchen Weg er nehmen soll: ,,Der Ball soll hinüber zum Björn.'' Diesen auch um die Tuchkante herumzulenken, erfordert große Aufmerksamkeit und Konzentration. Es ist besonders eindrucksvoll, verschiedenartige, rollende Gegenstände zu verwenden: einen Luftballon oder mehrere Holz- und Metallkugeln und auch viele kleine Holzperlen. Einen großen Aufforderungscharakter haben kleine Perlen oder Ostereier zum Aufessen. Haben diese eine bestimmte Person erreicht, dürfen sie verzehrt werden. Das Hin- und Herbewegen kann mit folgendem Sprechvers begleitet werden:

Rolle, rolle rundherum, rund in meinem Kreis.
Rolle hin, rolle her, jetzt roll'n wir immer mehr.

— Das Kind ertastet die Rundungen von verschiedenen Bällen und Reifen. Hierzu eignen sich besonders Bälle mit einer rauhen Oberfläche (Noppenbälle). Die Materialbeschaffenheit erfährt es am besten mit geschlossenen Augen. Mit den Händen oder Armen bildet das Kind die Rundungen nach. Ebenso soll die Wälzbewegung ausprobiert werden, indem Dosen, Kuchenrollen, Flaschen usw. über den Boden gerollt werden. Die Erfahrungen muß das Kind auf unterschiedlichem Untergrund machen. Es rollt und wälzt die Gegenstände über Teppichboden, eine Steinfläche über Sand, Rasen, Kieselsteine, in einem Reifen usw.

— Das Kind legt seinen Körper über einen großen Ball (Spastikerball) oder eine Walze und wird vom Betreuer in dieser Bauch- oder Rückenlage leicht hin und her bewegt.

— Das Kind kauert in einem Lkw-Reifen. Vorsichtig schaukelt man das Kind hin und her. Mit dem Kind ist unbedingt Blickkontakt zu halten, um zu erkennen, wenn es Angst verspürt. Nur wenn das Kind es selbst möchte, kann es kopfüber gedreht werden.

— Das Kind sitzt auf dem Boden und umfaßt mit den Händen und Armen seine Knie. Die Betreuer lassen es leicht in die Rückenlage und wieder in die Kauerstellung zurück schaukeln. Später versucht das Kind diese Schaukelbewegung alleine.

— Mehrere Matratzen werden zu einer leichten Schräge zusammengebaut. Es wäre jedoch besser, wenn man einen kleinen Hang im freien Gelände aussuchen würde.

Das Kind legt sich quer zum Hang auf den Untergrund, hat die Arme entweder fest am Körper angelegt oder über dem Kopf angespannt gestreckt. Es wälzt sich die Schräge hinunter. Das gleiche wird um die Querachse probiert. Das Kind rollt wie eine Kugel den Hang hinunter. Der Versuch des „Purzelbaumes" kann später auch in Rückenlage ausprobiert werden.

— Die Kinder rollen sich in eine Decke oder in ein großes Tuch ein und wickeln sich wieder aus.

— In einem Rahmen bzw. großen Karton liegen so viele Bälle bzw. Plastikkugeln, daß der Boden bedeckt ist. Das Kind legt sich auf diese Kugeln, und durch leichte Hin- und Herbewegungen erspürt es am ganzen Körper die sich unter ihm bewegenden Rollen.

— Eine feste Matte wird auf die Kugeln bzw. Bälle gelegt. Das Kind legt sich auf diese und wird vom Betreuer, der die Mattenkante faßt, hin- und hergewedelt.

— Auf dem Boden liegen dicht aneinandergereiht Gymnastikstäbe. Sie bilden eine Fläche. Das Kind legt sich in Bauch- oder Rückenlage auf die Stäbe und wird behutsam vor und zurück bewegt.
(Vgl. auch Kap. „Förderschwerpunkt: Berührungsempfindung", S. 45.)

— Ältere Kinder legen ihre Körper in Längsrichtung dicht aneinander. Ein Kind liegt angespannt in Bauch- oder Rückenlage auf den Körpern der Mitspieler und wird über deren Körper gerollt, indem sich alle Kinder gleichzeitig um die Längsachse wälzen.

— Die Roll- und Wälzbewegungen können nicht nur auf dem Boden, sondern auch um reckartige Abgrenzungen von Sportplätzen sowie z. B. um die Arme der an den Händen gefaßten Eltern ausgeführt werden. Im Wasser fällt eine solche Drehbewegung noch leichter.

— Wenn den Kindern die Roll- und Wälz-, bzw. ,,Kugelbewegungen'' bewußt sind, können sie diese im kleinen Rollenspiel auf neue Situationen übertragen. Sie imitieren z. B. einen Purzelbaum schlagenden Affen, Seehunde, oder sie versetzen sich in die Fantasiewelt von Himmelskörpern, z. B. als Sterne, die sich am Himmel drehen, oder als ,,Fliegende Untertassen''. Auch Märchenerzählungen, z. B. vom ,,Rollenden Pfannkuchen'' (Grimm), oder Musik zum Thema ,,Wirbelnde Schneeflocken'' unterstützen das Bilderleben der Kinder. Sie drehen sich und tanzen nach der Geschichte bzw. Musik im Raum:

Tanz der Schneeflocken

Kerstin Schatto, 14 Jahre

Der dicke fette Pfannekuchen

„Es waren einmal drei alte Schwestern. Die wollten gerne Pfannekuchen essen. Da nahmen sie eine Schüssel, taten Mehl, Milch und Eier hinein, holten einen Holzlöffel und fingen an, den Teig zu rühren. Als sie mit dem Rühren fertig waren, stellten sie eine große Pfanne aufs Feuer, taten Fett hinein, und als es so richtig brutzelte, gossen sie auch den Teig dazu. Da begann der Teig zu wachsen und zu wachsen und ging auf, so dick und behäbig, daß es eine Freude war, ihm zuzusehen. Die drei alten Schwestern konnten es kaum erwarten. Gleich drehen wir ihn um, sagten sie. Seht nur, wie dick und vergnüglich er daliegt.

Als der Pfannekuchen das hörte, erschrak er, drehte sich plötzlich um und wollte aus der Pfanne. Aber er fiel nur auf die andere Seite, und als diese auch ein wenig gebacken war, so daß sie fester wurde und Form bekam, sprang er hinaus auf den Fußboden und rollte davon wie ein Rad, zur Tür hinaus und kantapper kantapper die Straße entlang.

Hoppla! riefen die drei alten Schwestern und liefen hinter ihm her. Und die eine hatte noch die Pfanne in der einen und den Kochlöffel in der anderen Hand!

Hoppla! Willst du warten! Packt ihn, faßt ihn! schrien sie durcheinander und rannten so schnell sie konnten. Aber der Pfannekuchen war schneller als sie und rollte kantapper kantapper aus dem Städtchen hinaus.

Als er eine Weile gerollt war, traf er einen Knecht. Guten Tag, Pfannekuchen! sagte der Knecht. Guten Tag, Knecht Recht! sagte der Pfannekuchen. Lieber, guter Pfannekuchen, wart ein Weilchen, ich will dich aufessen! sagte der Knecht. Das möchtest du wohl! rief der Pfannekuchen. Aber ich bin schon drei alten Schwestern weggelaufen, und da sollst du mich auch nicht kriegen! und rollte kantapper kantapper den Weg entlang.

Es dauerte nicht lange, da kam eine Kuh über die Wiese. Guten Tag, Pfannekuchen! sagte die Kuh. Guten Tag, Kuh Muh! sagte der Pfannekuchen. Du hast es ja ganz schön eilig, sagte die Kuh. Wart ein wenig, daß ich dich fressen kann! Ein andermal! rief der Pfannekuchen. Aber ich bin schon drei alten Schwestern weggelaufen und Knecht Recht, und da sollst du mich auch nicht kriegen! und rollte kantapper kantapper in den Wald hinein.

Nach einer Weile traf er einen Gockel. Guten Tag, Pfannekuchen! sagte der Gockel. Guten Tag, Gockel Jockel! sagte der Pfannekuchen. Was läufst du denn so schnell? fragte der Gockel. Bleib stehn, daß ich mir einen großen Happen picken kann! Hab keine Zeit, muß weiter! rief der Pfannekuchen. Ich bin schon drei alten Schwestern . . .

Nicht lange danach begegnete ihm eine Maus. Guten Tag, Pfannekuchen! quiekte die Maus. Guten Tag, Maus Raus! sagte der Pfannekuchen. Wo willst du denn hin so schnell? fragte die Maus. Wart ein Weilchen, daß ich an dir knabbern kann! Ich werd mich schön hüten! rief der Pfannekuchen. Ich bin schon drei alten Schwestern . . .

Da kam ein Hase gelaufen. Guten Tag, Pfannekuchen! sagte der Hase. Guten Tag, Hase Nase! sagte der Pfannekuchen. Du hast es ja gar zu eilig, sagte der Hase. Sei so gut und bleib stehen, daß ich dich fressen kann. Im nächsten Jahr vielleicht! rief der Pfannekuchen. Ich bin schon drei alten Schwestern . . .

Schließlich gelangte er an einen Fluß. Nirgends gab es eine Brücke. Wie sollte er da hinübergelangen? Nöff, nöff! sagte es plötzlich neben ihm, und ein Schwein kam aus dem Gebüsch hervor. Guten Tag, Pfannekuchen! grunzte das Schwein. Guten Tag, Schwein Rein! sagte der Pfannekuchen. Willst du mich auch fressen? Aber nein! sagte das Schwein, stieg gemütlich ins Wasser und schwamm von selbst mit seinem Speck. Nöff, nöff! grunzte das Schwein. Setz dich auf meinen Rüssel, so will ich dich hinübertragen. Das tat der Pfannekuchen. Und wie sie in der Mitte des Flusses angelangt waren, da roch der Pfannekuchen so köstlich. Nöff, nöff! sagte das Schwein und wollte den Pfannekuchen in einem Japps hinunterschlucken. Der aber machte einen Riesensatz, kam gerade noch heil am Ufer an und rollte hastenichtgesehen kantapper kantapper in den Wald hinein.

Und er rollte und rollte über Stock und Stein, über Wiesen und Felder, zuletzt rollte er mit der Sonne um die Wette . . ."

aus: Heseler, Anne: Der dicke fette Pfannekuchen. Coppenrath-V., Münster 1984

— Hat eine Einrichtung das große Luftkissen (Air-Tramp) zur Verfügung, wird jedes Kind sich ohne Hemmungen auf die Matte werfen und darauf rollen. Ebensogut eignen sich alte Matratzen oder die federnde Unterlage eines Trampolins. Das Kind beherrscht die Bewegung nachher so sicher, daß es diese auch auf einer harten Unterlage ausführen kann und auf die runde Bewegung des ganzen Körpers achtet: es zieht sein Kinn an die Brust, macht sich ganz klein und kugelt mehrmals hintereinander über den Boden.

14 Körperwahrnehmung und Körpergeschick

Altersgruppe ab: 3 Jahre

Medien: *Federkernmatratze*
(bzw. Trimmpolin oder Luftmatratze)
Spielgegenstände:
Bausteine
Stofftiere
Ball

Förderschwerpunkt: *Körperbeherrschung*

Die Kinder lernen, ihre Muskeln anzuspannen. Der bewegliche Untergrund zwingt sie zu einem ständigen, unbewußten Ausgleichen und Korrigieren. Ziel dieser Übungen ist ein harmonisches und möglichst ökonomisches Zusammenwirken aller Muskeln und Sinne. Federn und Hüpfen auf einem weichen und elastischen Untergrund machen den Kindern von klein auf schon viel Freude.

Schon die ersten Krabbelversuche auf eine Matratze verlocken zu diesem Nachfedern. Je größer die bewegliche Fläche ist (Bett der Eltern), desto stärker motiviert diese zum Springen. Sobald die Kinder dann laufen können, werden sie ganz von selbst auf die federnden Gegenstände zugehen, zuerst an der Hand der Eltern, an einer Wand oder einem Möbelstück Halt suchen und anfangen zu federn.

Lernsituation: *Federn, Hüpfen und Springen auf Matratzen.*

Die Motivation, auf eine Matratze zu gehen, muß von dem Kind allein komme. Die Kinder spüren, daß sie keine feste Fläche mehr unter sich haben, und beginnen — meist deshalb, weil sie das Gleichgewicht verloren haben —, auf allen vieren über die bewegliche Fläche zu kriechen. Dadurch, daß sie sehr leicht umfallen, erspüren sie die Nachfederung und fangen automatisch an zu wippen. Dieses leichte Federn erfolgt also zu Beginn im Vierfüßlerstand bzw. Kniestand. Erst wenn die Kinder sich sicher fühlen, hüpfen sie im aufrechten Stand. Die Eltern haben die vorrangige Aufgabe, Hilfe und Unterstützung zu bieten, wenn sie vom Kind dazu aufgefordert werden. Dabei ist darauf zu achten, daß alle Gegenstände entfernt werden, an denen sich das Kind verletzen könnte: scharfe Kanten müssen gepolstert werden, eine Wand sollte von den Eltern mit weiteren Matratzen abgedeckt werden, und die Matratzen sollten sich möglichst dicht über dem Fußboden befinden. Das Kind sollte die ersten Versuche selbst unternehmen und erst dann zu weiteren, variationsreicheren Spielen auf der Matte angeleitet werden. Es müssen auch ausreichende Ruhepausen eingeplant werden, da die Kinder sehr stark beansprucht sind.

Übungsvorschläge:

— Die Kinder befühlen die Matratzenoberfläche, dabei drücken sie diese nach unten. Sie erspüren den beweglichen Untergrund mit ihren Händen, mit dem Knie und mit dem ganzen Körper. Sie rollen und wälzen sich über die Matratze und erfahren so die Größe und ihren Umfang. Dieses Rollen, Wälzen und Kriechen können sie auch mit geschlossenen Augen erfahren.

— Es werden kleine Kugeln bzw. Bausteine, eine Puppe oder Teddy auf die Matratze gelegt. Die Kinder drücken die Fläche neben diesen Gegenständen nach unten und sehen, wie die Spielgegenstände in die Luft hüpfen. Mit dem Hinweis der Eltern, ob das Kind nicht auch so hüpfen möchte wie z. B. dieser Ball, werden die Kleinen passiv bewegt: das Kind liegt auf dem Rücken oder Bauch auf der Matratze, die Eltern können sich ebenso hinlegen, das Kind befindet sich auf ihrem Körper bzw. in ihren Armen oder sie sitzen daneben bzw. stehen mit gespreizten Beinen über dem Kind und federn leicht. Das Kind erspürt diese hüpfenden Bewegungen. Die Empfindungen werden verstärkt, wenn die Augen des Kindes geschlossen sind und wenn dieses Hüpfen und Federn von leichtem Gesang der Eltern begleitet wird.

Ein Frosch

2. Er quakt vom frühen Morgen an,
Er quakt ganz herzbewegend.
Er quakt, weil er nicht singen kann,
Und hüpft so durch die Gegend.

Text: James Krüss, Musik: Waltraut Meusel

— Das Kind sitzt auf der Matte bzw. kniet im Vierfüßlerstand. Gleichzeitig bewegen die Eltern die Matratze. Das Kind wird mit der Zeit diese federnde Auf- und Abbewegung unterstützen, so daß die Eltern vermehrt zurücktreten und das Kind allein zu federn beginnt.

— Der Betreuer reicht dem Kind die Hände. Während es auf der Matratze sitzt bzw. steht, wird es dazu aufgefordert, allein zu wippen und zu federn. Sollte das Kind sich noch nicht sicher fühlen, nimmt der Betreuer entweder das sitzende Kind auf seinen Schoß oder das stehende Kind zwischen seine Beine und federt mit dem Kind.

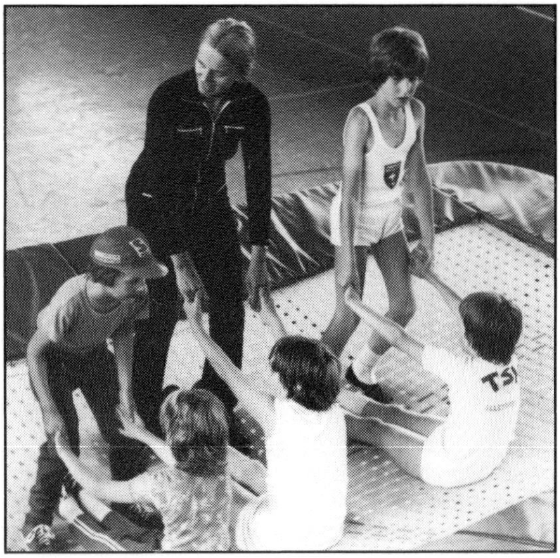

— Auf der Matratze liegen Gegenstände (Bausteine, Stofftiere, Schnüre). Das Kind federt um diese Gegenstände herum bzw. hüpft über sie hinweg und bemüht sich, nicht auf diese Materialien zu treten bzw. zu fallen.

— Gummi- bzw. sog. ,,Zauberschnüre'' werden in geringer Höhe (ca. 10 cm) über die Matratze gehalten. Das Kind springt über sie hinüber, ohne sie zu berühren. Spannt man sie im gleichmäßigen Abstand hintereinander, lernen die Kinder, rhythmisch zu federn.

— Während das Kind auf der Matratze federt (sitzend oder im Stand), wird ihm von dem Betreuer ein Softball zugespielt. Es soll, während es weiterfedert, diesen Ball auffangen und wieder zurückwerfen (ab 5 J.).

— Das Federn und Hüpfen kann, wenn das Kind sich sicher fühlt, auch mit einem Spielkameraden gemeinsam durchgeführt werden. Die Kinder springen frei auf der Matratze umeinander herum, achten auf eine aufrechte Körperhaltung und auf Blickkontakt zum Partner. Erst danach probieren sie das Federn mit Handfassung, da diese Übung neben der Körperbeherrschung auch eine Rücksichtnahme auf den Partner erfordert.

Variation:

Alle diese Übungen können auch auf einer Luftmatratze, auf einem aufgeblasenen Autoschlauch, auf einem Trimmpolin, Trampolin oder einem großen Luftkissen, dem Airtramp, durchgeführt werden. Ältere Kinder erfinden eigene Spiele für sich allein bzw. für das Spiel mit ihren Kameraden auf diesen Federgeräten:

— Als Zusatzgeräte wählen sie z. B. eine Gummischnur aus und überhüpfen sie auf dem Trimmpolin bzw. können auf dem federnden Gerät Seilspringen bzw. ,,Gummihupf'' durchführen. (Vgl. S. 116)

— Sie spielen Fußball bzw. ,,Ball über die Schnur'' auf dem Trampolin,

— oder sie übertragen kleine Sing- und Tanzspiele auf dieses Gerät, wobei sich solche Spiele eignen, die im Text das Hüpfen und Federn beinhalten.

15 Körpergeschick
Altersgruppe ab: 3 Jahre

Medien: *Baumäste*
Baumwurzeln
Leitern
Taue
Kletterstangen
Reck
Trapez
Ringe, Stäbe
Schwimmsprossen, Schwimmflügel
usw.

Förderschwerpunkt: *Körpergeschick*
Mut, Selbstvertrauen
Muskelkräftigung

Ein Kleinkind wird meist noch von den Eltern getragen. Dabei klammert es sich schutzsuchend fest am Körper an. Erfahrungen des Hängens macht es erst, wenn es kurzfristig seine Arme bzw. Beine aus der Umklammerung löst. Dabei hat es zu Beginn noch ein Gefühl der Unsicherheit und versucht, sich schnell wieder irgendwo festzuhalten. Erst mit zunehmendem Alter gewinnt es an Sicherheit und hangelt sich von Gegenständen herunter bzw. an ihnen entlang. Wenn ein Kleinkind von einem erhöhten Möbelstück, z. B. einem Bett, herunterkriecht, gewinnt es zum ersten Mal Erfahrungen des Hängens. Diese Eindrücke sammelt das Kind auch beim Herabsteigen von Treppen, meist im Rückwärtsgehen. Das Kind kann sich nur an wenigen Punkten festklammern, kommt in der Regel aus der Balance und spürt, daß es sich in irgendeiner Form durch Festhalten absichern muß.

Schon das Erlebnis des „Fliegens", indem das Kind von Elternteil zu Elternteil geworfen wird oder an der Hand der Eltern durch die Luft gehoben wird, ist Teil der ersten Erfahrung im Schwingen und Hängen. Auch in einer Wohnung bieten sich vielfältige Gelegenheiten zum Hängen, Hangeln und Schwingen. Das Kind benutzt Treppengeländer, Schränke, Tischkanten usw. und versucht, an diesen Gegenständen zu schaukeln. Die Industrie hat für Kinder bereits solche Möbelstücke gebaut, wie z. B. Etagenbetten in Verbindung mit Klettergerüsten oder auch Reckstangen, die zwischen Türpfosten montiert werden können.

Wesentlich interessanter und für das Kind gesünder sind *natürliche* Lerngelegenheiten, z. B. herabhängende Äste, niedrige Bäume, Geländer, an denen das Kind diese Erfahrungen machen kann. Es wäre für das Kind sicher interessant, an einigen überlieferten Volksbräuchen teilzunehmen, wo z. B. mit langen Stangen über Wassergräben gesprungen werden muß. Gerne üben sie die Vorformen des Stabhochsprungs. Mit einem Bambusstab schwingen sie sich auf oder über Kästen. Sie wähnen sich meist bei diesem Bewegungsablauf in einem Urwald und stoßen tarzanähnliche Rufe aus.

Lernsituation: *Hängen, Hangeln und Schwingen an den Geräten.*

Für ein Kind sind die Wohnungen in der Regel zu uninteressant, d. h. zu wenig zum Bewegen eingerichtet. Es wird trotzdem versuchen, das Beste aus dieser Situation zu machen, und benutzt die Möbelstücke als Spielgeräte. Dabei stellt es Tische, Stühle und Leitern aneinander, klettert hinauf und springt von diesen wieder herunter. Leider findet es selten in einem Zimmer Möbelstücke zum Schwingen. Auf Stuhllehnen kann es sich stützen und die Beine hin- und herbaumeln lassen. Oder es stellt zwei gleichhohe Tische bzw. Tisch und Schrank nebeneinander und benutzt sie als Barren. Auch klammert es sich gerne an Geländern fest und schaukelt hin und her. Die Eltern sollen sich bemühen, eine Wohnung so einzurichten, daß die Kinder vielfältige Bewegungsmöglichkeiten haben und auch dieses Bedürfnis nach Schaukeln und Schwingen unterstützt wird. Im freien Gelände bieten sich sicherlich mehr Möglichkeiten: Umzäunungen von Gärten und Sportplätzen und Bäume sind ideale Hilfen zum Hängen, Hangeln und Schwingen. Aber auch der Erwachsene ist Partner, an dem man sich festhalten und herumschwenken kann. In Turnhallen wird man eine große Anzahl von Sportgeräten für diesen Übungsbereich vorfinden.

In der Regel bewegen sich die Kinder bei diesen Aufgaben in geringen Höhen. Hier sollten die Eltern und Erzieher nicht überängstliche Reaktionen zeigen. In der Regel weiß ein Kind, was es sich zutrauen kann, und ist fähig, seinen Leistungsstand selbst einzuschätzen.
(Vgl. auch „Förderschwerpunkt: Umweltbewältigung im freien Spiel", Seite 83.)

Übungsvorschläge:

— Die Eltern fassen das Kind an den Händen und schwingen es hin und her. Sie können es vorsichtig auf und ab schaukeln lassen, aber es auch hoch durch die Luft wirbeln. Auf Spaziergängen liebt das Kind es, zwischen den Eltern geschwungen zu werden, begleitet von dem Ruf: „Engelchen flieg".

— Die Kinder klammern sich an den Armen der Eltern fest und versuchen, alleine hin und her zu schaukeln. Ältere Kinder benutzen ein Geländer, einen Baumast oder eine

Reckstange. Die Kinder lockern ihren Klammergriff und hangeln sich an dieser Stange entlang. Auch im sogenannten „Affenhang“ können sie das Geländer mit Händen und Füßen umklammern und an diesem entlangrutschen.

— Die Kinder hangeln sich von einem Ast zum nächsten. Sie bemühen sich, die Entfernungen abzuschätzen und sich rechtzeitig abzusichern. In der Natur gibt es leider nur noch wenige Gelegenheiten zum Hangeln von Ast zu Ast. In einer Turnhalle können die Kinder jedoch von Stange zu Stange oder von Tau zu Tau überwechseln.

— Die Kinder schwingen an Baumästen, Teppichstangen u. ä. In der Turnhalle können sie an Tauen oder Ringen hin und her schaukeln. Manchmal findet man noch einen alten Rundlauf in Turnhallen bzw. auf Spielplätzen vor, an dem mehrere Kinder im Kreise herumlaufen. Sie halten sich an Tauen oder Strickleitern fest, die an einem Reifen drehbar von der Decke herunterhängen.

— Unter die Taue oder Äste werden Hindernisse gestellt, z. B. ein Kasten oder Baumstämme. Die Kinder schwingen über diese Geräte hinüber. Geübte lösen rechtzeitig ihre Hände von den Ästen bzw. Tauen und springen in einem hohen Bogen auf die Erde. Dieses Spiel wird in der Regel von Kindern mit Rufen, z. B. einem Tarzanschrei, begleitet.

Auf die Kästen bzw. Baumstämme werden kleine Gegenstände, Steine oder Bälle gelegt, die mit den Füßen heruntergetreten werden müssen, während man hin und her schwingt. Ebenso können die Kinder versuchen, diese Gegenstände mit den Füßen aufzunehmen und sie festzuhalten.

— Die Kinder sitzen auf schwingenden Geräten wie einer Schaukel, einem Trapez oder in Ringen und werden von den Betreuern angestoßen. Sie schaukeln hin und her. Dabei können sie ihre Lage verändern, d. h. sie stehen auf den Geräten oder sie hängen kopfüber herab. Dabei können sie auch verschiedene Geräte vom Boden oder aus der Hand des Erziehers aufnehmen und sie an ihrem Körper festklemmen.

Der Betreuer wirft den auf Schaukel und Trapez bzw. in Ringen sitzenden Kindern einen Gegenstand wie Ball, Tuch oder Tannenzapfen zu, und die Kinder versuchen, ihn aufzufangen. Solche kleinen Geschicklichkeitsübungen können sie auch mit dem Mund ausführen. Sie bemühen sich z. B., ein Bonbon aufzufangen.

— Die Kinder klettern an Strickleitern hoch und schaukeln hin und her. Sie können mit Tauen ganze „Brücken" bauen, die sie von Baum zu Baum oder Geländer zu Geländer spannen, und daran entlanghangeln bzw. -schwingen. Der Erzieher kann, während die Kinder über die Geräte klettern und hangeln, eine kleine Abenteuergeschichte erzählen, die die Kinder besonders motiviert.
(Vgl. „Förderschwerpunkt: Räumliche Bewegungsanpassung. Durchqueren und Überwinden von Hindernisbahnen", S. 87.)

— Das Hängen und Schwingen wird auch im Wasser geübt. Die Kinder klammern sich an der Überlaufrinne oder Beckenrand fest und ziehen sich am Beckenrand entlang. Wenn Eltern die Kinder an den Händen halten, erfahren sie auch dieses Hängen und Schweben im Wasser. Dadurch können Körperlageveränderungen, wie Drehen um die Längs- und Querachse, wesentlich leichter ausgeführt werden.

Im Wasser liegen sogenannte „Schwimmsprossen". An diesen halten sich die Kinder fest und bewegen sich wassertretend fort. Kleine Kinder erfahren dieses Im-Wasser-Hängen und -Schweben gleichermaßen intensiv, wenn sie Schwimmhilfen an den Armen tragen. Sie müssen sich aber ohne weitere fremde Hilfe durch das Wasser fortbewegen.
(Vgl. auch „Förderschwerpunkt: . . . Gewöhnung an das Element Wasser. Freies Spielen im Wasser", S. 37.)

— Ältere Kinder stützen sich nicht mehr zwischen zwei befestigten Gegenständen ab oder hangeln an diesen entlang, sondern benutzen zwei Stäbe, die sie in die Erde stemmen, sich an ihnen abstoßen und durch die Luft getragen werden. Sie können dabei kleine Wettkämpfe in einer Gruppe durchführen: Wer kann am weitesten springen? Wer kommt über diesen Graben oder über diese Hecke? Besonders geschickte Kinder benutzen zu diesem Schwingen nur noch einen Stab wie bei Stabhochsprung.

16 Körpergeschick
Altersgruppe ab: 3 Jahre

Medien: *unterschiedliche Bodenbeschaffenheit*
Balken
Baumstämme
Leitern
kleine Hindernisse

Förderschwerpunkt: *Gleichgewicht halten*

Wenn das Kind sicher laufen kann, wird es sich schwierigere Situationen aussuchen, um diese Körperbeherrschung variationsreich auszuprobieren. Das Balancieren über eine Linie, über kleine Hindernisse und auf erhöhten Ebenen schult neben dem Gleichgewicht auch den Mut. Das Kind gewinnt an Selbstsicherheit und Selbstbewußtsein. In unserem direkten Umfeld finden sich viele Geräte, auf denen das Kind herumsteigen und klettern kann. Solche Situationen können auch in der häuslichen Umgebung aufgebaut werden. Das kleine Kind kann an Teppichkanten, auf Bodenfliesen und über Stühle balancieren. Auf dem Rücken bzw. den Schultern anderer Personen lernt es, mit dem ganzen Körper auszugleichen und gegenzusteuern. Im Freien bieten sich Bordsteinkanten, Baumstämme und Mauern an. Es ist unsere Aufgabe, den Kindern solche Lernsituationen zu vermitteln, in denen es nicht nur neben dem Erwachsenen hertrottet, sondern auch die Möglichkeit hat, über verschiedene Hindernisse zu balancieren und zu steigen. Das Kind soll nicht gedrängt werden, über erhöhte Gegenstände, wie z. B. eine Mauer, zu balancieren. Meist weiß es selbst, was es sich noch zutrauen kann. Es ist darauf zu achten, daß das Balancieren nicht nur beim Vorwärtsgehen, sondern auch im Rückwärts- und Seitwärtsgang bzw. auch mit geschlossenen Augen mit Unterstützung der Eltern erfolgt.

Lernsituation: *Über Linien, niedrige und hohe Geräte balancieren.*

Es wird für Eltern und Kinder interessanter sein, eine natürliche Umgebung für diese Balanceübung auszusuchen, als erst eine solche mit Matratzen, Stühlen oder Brettern künstlich zu konstruieren. Baumstämme und Mauern, Abgrenzungen von Wegen und Spielplätzen sind Möglichkeiten, die das Kind zum Balancieren auffordern. Eine erschwerende Situation kann dadurch geschaffen werden, indem man z. B. einen Kasten auf Medizinbälle stellt. Dieser kippt ständig hin und her, wobei die Kinder lernen, ständig durch Gegenlenken auszugleichen. In dieser künstlichen Situation wird das Verhalten auf einem wackeligen Kahn bzw. später dem Brett auf dem Wasser vorgeübt. Bei kleineren Kindern und noch ungenügender Übung ist es wichtig, daß die Geräte fest stehen. Erst nach ausreichender Erfahrung und im höheren Alter können diese beweglichen Geräte wie Boote, lose liegende Baumstämme, wackelige Stühle oder die spe-

ziellen Sportgeräte wie ein Sportkreisel, Wackelbrett oder Rollquick hinzugenommen werden.

Übungsvorschläge:

— Das Kind läuft über eine aufgemalte Linie bzw. über eine immer schmaler werdende, schienenartige „Straße". Es bewegt sich vorwärts und rückwärts, im Nachstellschritt seitwärts oder auch hüpfend. Wenn es die Augen geschlossen hält, kann es sich auf sein Gehen und den Raum besser konzentrieren und erfährt die Bewegung bewußter. Hierbei reichen die Eltern dem Kind die Hand. Ältere Kinder können allein mit Worten über den richtigen Weg gelotst werden.

— Das Kind geht über die Linie und übersteigt dabei ausgelegte Hindernisse wie Tücher, Kissen, Schaumgummiteile usw. Es kann auch ein Spielgegenstand auf die Linie gelegt werden, der aufgenommen und mit ausgestreckten Händen bzw. auf dem Kopf haltend transportiert werden muß. Wahrscheinlich wird das Kind auf einem niedrigen Balken behutsamer balancieren als auf einer Linie, da hier die Gefahr des Herunterfallens größer ist. Es strengt sich mehr an und achtet besser auf den Weg. Ältere Kinder suchen immer schwerere Hindernisse wie Baumstämme, Mauern und Reckstangen aus.

— Die Eltern halten kleine Hindernisse über den Balken. Das Kind muß beim Balancieren über einen Stock oder ein Seil steigen. Es kann auch versuchen, sich zu ducken und unter diesen Hindernissen hindurchzukriechen, ohne daß es von dem Balanciergerät fällt.

— Das Kind probiert Variationen in der Fortbewegung aus. Es geht in der Hocke über den Balken, versucht es in schnellem Lauf oder Pferdchensprung, im Kriechen auf allen vieren oder auch in einer schlangenähnlichen Bewegung sowie einem affenähnlichen Anklammern.

— Zwei Kinder oder Kind und Elternteil stehen sich auf einem Balken gegenüber. Sie überqueren diesen, wobei sie sich — ohne herunterzufallen — aneinander vorbeiwinden. Sie können ihre Plätze auch dadurch wechseln, daß eine Person über die auf dem Balken hockende steigt.

— Für das ängstliche Kind wird ein breites Balanciergerät ausgewählt. Ein Brett oder eine Stuhlreihe geben ihm die erste Sicherheit. Auf diesen Geräten oder auch später auf einem Balken kann dem Kind ein Ball zugeworfen werden. Es versucht, den Ball zu fangen, ohne daß es den Kontakt zum Gerät verliert, und wirft ihn den Eltern oder einem anderen Kind zurück. Die andere Person steht entweder neben oder ebenfalls auf dem Balanciergerät. Das ängstliche Kind vergißt meist hierbei, daß es evtl. vom Balken oder Stuhl fallen kann, da es sich stark auf das Fangen des Balls konzentriert. Es gewinnt zunehmend an Sicherheit. Ebenso kann das Kind auf dem Gerät versuchen, mit dem Ball ein Ziel (Korb, Karton, Baum usw.) zu treffen. Auch hier wird seine Aufmerksamkeit auf den Ball gelenkt, so daß es die „unsichere" Umgebung vergißt.

— Während das Kind über die verschiedenen Balanciergeräte geht, transportiert es unterschiedliche Materialien. Es trägt z. B. Kugeln oder Äpfel auf einem Löffel, einen Hut, ein Tuch oder ein kleines Säckchen auf dem Kopf oder versucht, über den Balken zu gehen, während es zwischen den Beinen einen Ball eingeklemmt hält.

— Das Kind rollt auf dem Balken Kugeln oder Bälle und läuft neben dem Gerät her. Anschließend werden diese Bälle während des Gehens auf dem Balken vor dem Kind hergeschoben, ohne daß diese hinunterfallen.

— Das Kind geht über eine Stuhlreihe, eine Bank, einen Balken oder eine Mauer und schlägt während des Laufens einen Luftballon. Diese Übung kann nur von älteren Kindern beherrscht werden, da eine Bewegungsvorwegnahme angesprochen ist, d. h., der Ballon muß immer einige Zentimeter vor dem Körper fortgeschlagen werden. Ebenso ist der Krafteinsatz der Arme zu dosieren, d. h., der Ballon muß sich über dem Balken befinden. Eventuell wird es leichter fallen, für das Schlagen einen kleinen Stock zu benutzen, da dann der Ballon auch aus einiger Entfernung erreicht werden kann.

— Zwei Kinder stehen sich auf der Bank oder auf dem Balken gegenüber. Durch Schieben bzw. Drücken sollen sie versuchen, ihren Partner vorsichtig von dem Balken zu stoßen. Hier handelt es sich nicht um eine „Kampfsportart". Es sollen nur die Kinder bzw. Eltern und Kind dieses Spiel erproben, die bereits so viel Bewegungsgefühl und -sicherheit besitzen, daß sie sich beim Herunterspringen nicht verletzen.

— Die Partner stehen sich auf dem Balken gegenüber und fassen sich an den Händen. Während das eine Kind aufrecht auf dem Gerät steht, geht das zweite in die Hocke. Die Bewegung ist ähnlich einer Wippe, die durch ständigen Wechsel nach oben und unten gekennzeichnet ist. Interessant wird diese Übung, wenn aus Baumstämmen oder einem Stamm und einem Brett eine wirkliche Wippe gebaut wird. Die Kinder probieren aus, wie weit sie sich zueinander oder voneinander wegbewegen müssen, damit die Wippe noch im Gleichgewicht ist. Anschließend probieren sie das Wippen aus.

— Sicher wird es sehr viel Freude machen, auf den erhöhten Balanciergeräten Zirkusnummern zu erproben. Die Kinder verkleiden sich als Artisten, Ballerinas, Clowns oder Tiere und gehen mit Schirmen, Bohnenstangen, riesengroßen Schuhen oder im Spitzentanz über die Geräte. Die Kinder können eine Zirkusnummer einstudieren und diese vorführen.
(Vgl. auch „Förderschwerpunkt: Ausdrucksschulung . . . Zirkusnummer", S. 91.)

— Eine Fülle an weiteren Geräten aus unserer Umgebung eignen sich zum Balancieren. Die Kinder können über waagerecht ausgelegte Leitern steigen, man kann eine Dosenstraße bauen (gefüllte Dosen) oder geht über aneinandergereihte Holzklötze.

— Sind die Kinder ausreichend sicher auf diesen festen Geräten geworden, werden sie auch auf einem beweglichen Untergrund wie einem Sportkreisel, einem kleinen Schiff, auf einem Floß, auf einer Hängebrücke usw. sicher gehen. Sportgerätefirmen bieten auch spezielle Übungsgeräte wie Sportkreisel, Wackelbrett, Skateboard und große Matratzen wie das Airtramp an, auf denen das Kind seine Balancefähigkeit übt.

17 Körperwahrnehmung und Körpergeschick
Altersgruppe ab: 4 Jahre

Medien: *Schleuderhorn*
Tischtennisball
Watte
Behälter

Förderschwerpunkt: *Körpergeschick,*
Auge-Hand-Koordination
Kräftigung der Atmungsorgane

Immer wieder fasziniert die Kinder das Schleuderhorn. Gibt man es ihnen erstmals in die Hand, werden sie es wahrscheinlich zuerst an das Auge halten und hindurchsehen wollen. Auch erproben sie ein Hineinblasen oder -rufen.

Ein solches Rohr reizt auch dazu, Dinge hineinzufüllen und sie wieder auszuschütten. Hierbei üben sie ihre Geschicklichkeit und Konzentration. Die Steine und Kugeln sowie der Sand dürfen nicht danebenlaufen, das Wasser muß durch die Röhre rinnen. Die Auge-Hand-Koordination ist ein Teil der Geschicklichkeit, die bei konzentrierter Betätigung ihre Auswirkung auf das Gesamtverhalten des Kindes hat. Es sind dabei nicht nur Auge und Hand, sondern der ganze Arm, die gesamte jeweilige Körperseite, ja der ganze Körper beteiligt.

Deutlich wird es bei den Schwenk- und Drehbewegungen des Rohres. Meist erst durch Zufall bemerken die Kinder, daß die Pendelbewegungen Töne erzeugen. Sie schleudern und drehen das Schleuderhorn immer stärker und gewinnen unbewußt die ersten physikalischen Grundkenntnisse über die Verstärkung von Signalen durch ein langes Rohr, bzw. sie erkennen, daß Luftbewegungen Schwingungen hervorrufen, die für uns hörbar zu „Musik" werden. Das Kind möchte das Rohr immer stärker drehen und übt dadurch unwillkürlich seine Auge-Hand- bzw. Gesamtkörperkoordination, da laute Geräusche nur mit äußerster Kraftanstrengung des gesamten Körpers produziert werden können. Ebenso werden durch das Hineinblasen oder Ansaugen von Materialien die Atmungsorgane gekräftigt.

Solche Schleuderhörner bieten Spielzeugfirmen an. Man kann aber auch Plastikrohre nehmen, durch die normalerweise Telefonkabel gezogen werden. Durch ihre Farbigkeit reizen jedoch die Schleuderhorne das Kind mehr zum Spiel.

Lernsituation: *Kreativer Umgang mit dem Schleuderhorn.*

Man gibt jedem Kind ein Schleuderhorn in die Hand und läßt es erst einmal frei ausprobieren, was es machen möchte. Erst danach geht der Erzieher zu einem gelenkten Spiel über.

Für diese Übungen wird kein großer Raum benötigt. Die Kinder nehmen die Plastikrohre auch gerne mit ins Freie und betrachten durch diese Geräte die Umwelt aus einem anderen Blickwinkel. Das Schleuderhorn in Verbindung mit Wasser übt ebenfalls einen großen Reiz aus. Das Gerät kann in diesem Element auch zum Transportieren von Menschen und Gegenständen verwendet werden. (Vgl. „Förderschwerpunkt: . . . Gewöhnung an das Element Wasser. Mit Wasser in Kontakt treten", S. 61.)

Ebenso können mehrere Schleuderhörner aneinandergesteckt werden, wodurch eine lange Rollbahn entsteht bzw. eine Verstärkung der Signale erreicht wird.

Übungsvorschläge:

— Jedes Kind erhält ein Schleuderhorn und probiert es aus. Es kann hineinsehen, hineinblasen oder -rufen, es hin- und herschleudern, sich mit dem Rohr im Kreis drehen, es in die Luft werfen und wieder fangen, es hin- und herbiegen, das Horn als „Säge" benutzen oder auch durch das Rohr kleine Kugeln und Perlen laufen lassen und Flüssigkeiten oder Sand hineinfüllen. Anschließend sollen die einzelnen Ideen gesammelt werden, und die Kinder erhalten die Möglichkeit, jede einzelne Aufgabe noch einmal auszuprobieren.

— Kinder und Erwachsene blasen sich durch das Horn an. Die Luftschwingungen werden nicht nur auf das Gesicht, sondern auch auf Arme, Füße und den ganzen Körper gerichtet. Blasen sich die Kinder gegenseitig in die Ohren, werden sie merken, daß der Druck ihnen nicht besonders angenehm ist.

— Automatisch wird ein Kind in das Rohr hineinrufen wollen. Sie hören die verzerrten Töne und ahmen vor allem Tiergeräusche nach. Durch ein variiertes Sprechen und Blasen kann das Trompeten von Elefanten oder Seehunden, das Zwitschern von Vögeln oder das Gekreische von Affen z. B. imitiert werden. Aus dieser Situation läßt sich ein kleines Rollenspiel entwickeln, welches z. B. über die Geschichte aus dem „Dschungelbuch" angeregt wird.

— Nach dem gegenseitigen Anblasen werden sich die Kinder untereinander auch gerne etwas erzählen wollen. Sie „telefonieren" mit dem Rohr und merken, wie ihre Sprache durch das Rohr verstärkt wird. So lernen sie, ihre Lautstärke zu dosieren. Außerdem wird der differenzierte Sprachgebrauch geübt. Häufig ist zu beobachten, daß kleine Kinder beim Telefonieren wortlos den Hörer an das Ohr halten und sie diesen nicht zum Sprechen gebrauchen. Hier kann der Bezug zur Wirklichkeit über ein Schleuderhorn hergestellt werden.

  Die Kinder können beim Telefonieren mehrere Schleuderhörner aneinanderschrauben. Das kann durch kleine Verbindungsstücke geschehen (man schneidet das Schleuderhorn in ca. 10 cm große Teilstücke, die aufgeschlitzt und zwischen die langen Rohre eingeschoben werden). Durch die Länge der Hörner wird die Sprache verstärkt, die Kinder lernen jetzt zu flüstern und merken, daß sie dennoch den Partner gegenüber verstehen. Auch kann das Gespräch von einem danebenstehenden Kind abgehört werden, indem es sein Ohr an das Rohr hält oder auch mit seinem Schleuderhorn die Leitung „anzapft".

Ruf mich mal an!

Inge Lotz, Rolf Krenzer

Ruf mich mal an,
ruf mich mal an,
damit ich höre, wie dirs geht.
Ich sag dir dann,
ich sag dir dann,
wie es bei mir zu Hause steht.

Zuerst heb ich den Hörer hoch.
Wie war die richtge Nummer noch?

Alle rufen: 6135

Ich rufe 6135 an,
damit ich dich erreichen kann.
Hallo, hallo, wie gehts?
Hallo, hallo, wie stehts?

Lotz, J./Krenzer, R.: Mach mit uns Musik. Kaufmann-V., Lahr, Kösel-V., München 1983

— Die Kinder liegen auf dem Boden und blasen sich Wattebäusche, Holzkugeln oder Papierbälle zu. Auch können sie Tischtennisbälle über eine „Straße“ blasen. Danach versuchen sie, diese Geräte anzusaugen. Der Papierball bzw. Tischtennisball bleibt am Ende des Schlauches haften. Er kann dann zu einem Partner weitergegeben oder in eine Schachtel gelegt werden. Hieraus läßt sich eine kleine Staffel entwickeln: zwei Gruppen stehen sich gegenüber. Der Ball haftet durch Ansaugen am Rohr und wird von dem nächsten Kind über sein Rohr angesaugt und wieder weitergegeben. Bei welcher Gruppe ist der Ball zuerst beim letzten Mitspieler oder in dem Kasten?

— In das Schleuderhorn legt man kleine Kugeln und läßt sie durch den Schlauch rollen.

Diese Form kann auch als Partnerspiel durch geführt werden: Ein Kind hat die Augen verbunden und errät, welche Materialien der Partner durch das Rohr gegeben hat. Dieser kann z. B. Sand, Wasser, Holz- oder Metallperlen, Erbsen, Reis u. ä. hineinfüllen. Werden mehrere Rohre aneinandergesteckt, entsteht eine lange Straße. Das Kind baut sich so eine ganze „Klickerbahn“, indem es Klötze, Kisten oder Stühle unter die lange Schleuderhornbahn schiebt und den Lauf der Kugeln über sein Gehör verfolgt. Es kann dabei entweder ruhig auf dem Boden sitzen bleiben und die Richtung anpeilen, oder aber es läuft bzw. kriecht neben der in dem Rohr rollenden Kugel her.

— In einem Sandkasten, in der Badewanne oder im Schwimmbecken kann das Kind in das Rohr Wasser hineinfüllen und wieder ausschütten. Biegt man das Rohr in U-Form und hält die Enden des Hornes zu, verursachen die Wassergeräusche lustige Töne, die das Kind noch stärker wahrnimmt, wenn es das Rohr an sein Ohr hält. Gerne lassen die Kinder auch ihrem Partner diese Geräusche anhören.

— Das Transportieren von Materialien wie Sand, Steine, Erde usw. in dem Horn kommt dem Urtrieb: Einfüllen und Ausleeren der Kinder entgegen. Diese Materialien werden in Behälter ausgegossen. Man kann sie über eine Strecke transportieren oder auch einem anderen Kind bzw. dem Erwachsenen übergeben. Hierbei lassen sich auch kleine Wettkampfformen entwickeln.

— Auf dem Schleuderhorn werden Geräte balanciert. Es wird senkrecht in die Luft gehalten, und das Kind trägt den auf dem oberen Ende liegenden Papierball, Tischtennisball, Joghurtbecher usw. über eine Strecke. Biegt man das Rohr in U-Form, kann es mit beiden Händen zu einem Schläger gehalten werden. Auf der Rundung liegt ein Ball, der transportiert werden kann. Dieser Ball kann einem anderen Kind oder Erwachsenen zugespielt werden, der ihn ebenfalls mit seinem Horn/Schläger auffängt. Die Kinder probieren diese Übung mit unterschiedlichen Bällen aus: einmal einem Schaumgummiball, dann Wasserball, Luftballon oder Plastikball.

— Die Kinder schwenken das Rohr neben ihrem Körper, drehen es in der Luft oder drehen sich mit dem Rohr im Kreis. Durch die Schwenk- und Drehbewegungen werden, je nach Schnelligkeit, verschieden hohe Töne erzeugt.

— Der Erwachsene steht dem Kind gegenüber und läßt sein Rohr „sprechen“. Das Kind „antwortet“ mit seinem Rohr. Daraus kann sich ein fantasievolles Wechselspiel entwickeln.

Beide Partner oder eine kleine Gruppe bemüht sich, das Rohr so zu drehen, daß alle in der gleichen Tonhöhe schwingen. Man kann auch langsam von einem tiefen Ton zum hohen überwechseln und wieder zurückgehen. Ältere Kinder können ein ganzes Konzert spielen. Diese Szene eignet sich gut für ein Rollenspiel, wo sich die Kinder z. B. zu einem „Elefantenkonzert“ zusammenfinden oder die Szene „Ein Tag im Urwald“ spielen können.

18 Körpergeschick
Altersgruppe ab: 4 Jahre

Medien: *Großgeräte auf dem Spielplatz:*
Netz, Tau, Turm
Schaukel, Trapez
Rutschbahn
Hohlkörper
Karussell
Wippe, Trampolin
Stege
Zielwände

Förderschwerpunkt: *Umweltbewältigung im freien Spiel*
Körpergeschick
Mut, Selbstvertrauen

In der Umgebung von Kindern finden wir häufig Spielplätze vor, die einen geringen Aufforderungscharakter haben. Die Geräte sind fest installiert, sind kalt und nüchtern. Auch lassen sie der Bewegungsphantasie der Kinder wenig Raum. Inzwischen haben sich als Alternative Abenteuerspielplätze entwickelt, auf denen die Kinder mit beweglichen Materialien spielen können. Die Geräte sind variationsreich einsetzbar, können transportiert und umkonstruiert werden. Hier finden sich auch Betreuungspersonen, die den Kindern Anleitungen zum Bauen, Gestalten und kreativen Spiel geben. Eine solche Idealsituation ist leider nicht überall vorzufinden. Es gibt jedoch auch einige positive Beispiele, wo fest installierte Geräte so interessant gestaltet sind, daß sie zum Bewegenwollen anregen. Als Bewegungsschwerpunkte können das **Klettern, Rutschen, Hängen und Schwingen, Wippen, Federn, Balancieren, Schaukeln, Drehen und Hineinkriechen** unterschieden werden.

Lernsituation: *Auf Spielplätzen klettern, schaukeln, rutschen, fahren, wippen, drehen u. v. m.*

- **Spielgeräte zum Klettern und Hangeln**
  Netz/Kletterstangen/Turm

Die Kinder üben an diesen Geräten ihre Geschicklichkeit. Indem sie am Netz und den Stangen entlangklettern, werden Auge-Hand- und Auge-Fuß-Koordination geübt, auch Konzentration und Mut sind angesprochen. Sie müssen einen Raum einschätzen, d. h., eine Entfernung überwinden. Wenn in diese Geräte Ruhepodeste eingebaut sind, haben die Kinder die Möglichkeit zu einem Rollenspiel. Sie meinen, sich in einem „Ausguck" eines Turmes zu befinden oder in einem Mastkorb auf einem Schiff.

- **Geräte zum Hängen, Schwingen und Fahren**
  Rollendes Trapez/Schaukel

Das Schaukeln und Schwingen gibt dem Kind das Gefühl des Fliegens. Es verfällt leicht in einen Geschwindigkeitsrausch und möchte gar nicht aufhören. Es lernt auch, das Gleichgewicht zu halten und auf diesen Geräten zu balancieren, wenn es sie ersteigt bzw. an ihnen hängt. Ein rollendes Trapez eignet sich besonders für spezielle Kunstformen. Das Kind steht, sitzt oder hängt an ihm und muß den Körper ausbalancieren, während das Trapez mit rasender Geschwindigkeit am Seil entlangrollt. Besonders interessant sind Übungen zu Paaren, wo sich die beiden gemeinsam auf dem Gerät sitzend und stehend festklammern müssen. Hierbei werden Vertrauen und Mut besonders gefördert.

- **Geräte zum Rutschen und Klettern**
  Rutschbahn

Das Herunterrutschen gibt dem Kind ein Gefühl des Fliegens. Es ist in der Regel etwas Sensationelles und immer mit Spannung, einem Gefühl der Gefahr, verbunden. Das Kind weiß, daß es fällt, erlebt aber auch, daß es wieder einen festen Boden unter den Füßen hat.

Bei dem Erklettern der Rutschbahn werden auch Geschicklichkeit und die Haltekräfte von Beinen und Armen geübt. Das Kind lernt, seinen Körper bei dem Ersteigen und beim Herunterrutschen auszubalancieren. Einen besonderen Reiz übt das Hinaufsteigen an der Rutschfläche aus. Die Kinder wollen erfahren, daß sie eine solche Schwierigkeit auch beherrschen. Hier lernen sie ebenso, Rücksicht aufeinander zu nehmen und darauf zu achten, daß sie mit einem Herunterrutschenden nicht in Kollision geraten.

- **Geräte zum Hineinkriechen und Verstecken**
  Blockhäuser/hohle Holz- oder Kunststoffblöcke

Auf einem Spielplatz benötigen Kinder auch Ruhezonen. Gerne kriechen sie in Blöcke hinein und verweilen dort in einer Zone der Sicherheit und Ruhe. Diese Geräte eignen sich auch zu einem Rollenspiel. Die Kinder wähnen sich in einem „Haus“. Beim Hinein- und Heraussteigen wird ebenso das Körperschema geübt. Die Kinder lernen, ihren Körper und die Raumlage zu verändern, sich klein zu machen, sich zu drehen und zu verbiegen.

- **Geräte zum Drehen und Kreisen**
  Karussell

Ähnlich wie beim Hin- und Herschwingen übt auch das Herumdrehen eine besondere Faszination aus. Die Kinder erspüren die Fliehkraft und erfahren eine vestibuläre Stimulation. Sie müssen bei dem Drehen das Gleichgewicht halten und lehnen ihren Körper meist nach innen, um nicht herausgetragen zu werden. Wenn sie aber das Gefühl des Fliegens haben wollen, neigen sie sich der Außenseite zu. Bei dem Drehen verändert sich die Welt der Kinder. Sie merken auf einmal, daß sie im Zentrum des Geschehens stehen und die Welt sich um sie dreht.

In allen Situationen, wo Kinder gemeinschaftlich spielen, aber nur einige wenige Plätze vorhanden sind, wie hier bei einem Karussell, findet auch der Sozialbereich Beachtung. Die Kinder müssen sich einigen und auch bereit sein, diesen ergatterten Platz an andere abzutreten

- **Geräte zum Balancieren**
  Holzstämme/Stege

Die Kinder gehen über Holzstämme und versuchen, das Gleichgewicht zu halten. Diese Holzstämme können Zwischenräume enthalten, so daß diese Abstände überwunden werden müssen, oder sie können verschiedene Breiten haben. Wenn sie leicht abgerundet sind, wird eine verstärkte Konzentration von den Kindern verlangt. Auch sind bewegliche Holzstämme, die an Ketten hängend zu einem Steg aneinandergereiht sind, auf Spielplätzen zu finden. Hier werden eine starke Gleichgewichtsfähigkeit und der Mut der Kinder angesprochen. Sie fühlen sich auch wie auf einem Schiff oder als Betrunkener und bemühen sich, unbeschadet über diese Geräte zu balancieren. Eine Wippe regt ebenso zum Balancieren an. Haben die Kinder sich über den Mittelpunkt entfernt, kippt sie zur Gegenseite um. Das Kind lernt, sich dieser Bewegung anzupassen und gut auszubalancieren.

- **Geräte zum Auf- und Abwippen Wippe**

Ähnlich wie bei den oben genannten Geräten erfahren die Kinder das Gefühl des Fliegens durch die Auf- und Abbewegung. Jedoch werden diese Erfahrungen nicht alleine, sondern mit einem Partner gemacht. Man muß sich aufeinander abstimmen und muß Rücksicht nehmen. Die Kinder lernen, die Kraft der Beine zu dosieren, indem sie sich nur so fest von dem Boden abdrücken, daß der gegenübersitzende Partner nicht mit voller Wucht den Boden berührt. Ebenso gewinnen die Kinder elementare physikalische Grundkenntnisse, indem sie ausprobieren, gemeinsam in ein Gleichgewicht zu kommen. Sie balancieren ihre Körper auf der Wippe aus und halten sie in der Waagerechten.

- **Geräte zum Hüpfen und Federn Auf Metallspiralen angebrachte Holzpferde/Trimmpolin**

Schwingen, Wiegen und Schaukeln sind ein Urbedürfnis des Menschen und unterstützen sein Wohlbefinden durch das rhythmische Gleichmaß. Gerne wippen die Kinder auf einem Schaukelpferd oder springen auf einer Matratze bzw. einem Trimmpolin auf und ab. Hierbei wird wiederum das vestibuläre System angeregt. Die Kinder regeln durch die federnden Bewegungen ihren eigenen Rhythmus. Sie lieben es, leicht auf und ab zu wippen und sich dadurch zu beruhigen, oder sie hüpfen kräftig und haben das Gefühl, in die Lüfte getragen zu werden. Dabei lernen sie, ihren Körper zu koordinieren, das Gleichgewicht zu halten und ihre Muskulatur anzuspannen, um nicht von dem Gerät zu fallen. Diese Bewegungen sind mit Konzentration verbunden, was bei dem Springen auf dem Trimmpolin besonders deutlich wird. Bei diesem Spiel werden auch Atmung und Kreislauf intensiv angeregt.

- **Geräte zum Zielen**
  Torwand/Kegel

Beeinflußt durch unsere Massenmedien, haben die Kinder besonderes Interesse, auf eine Torwand zu schießen. Hier üben sie die Auge-Fuß-Koordination und die Konzentration. Ebenso lernen sie, ihre Kraft zu dosieren und einen Raumweg einzuschätzen.

Bei dem Umwerfen von Kegeln werden die Auge-Hand-Koordination geübt, gleichermaßen die Konzentration und auch Kraftdosierung sowie die Raumwahrnehmung angesprochen.

Alle Spielplätze sollten so angelegt sein, daß sie neben einem ausreichenden Spiel- und Erfahrungsangebot auch Freiräume zum Enspannen lassen. Die Kinder sollen Gelegenheit haben, sich irgendwo niederzulassen oder auch nur einmal zuschauen zu können. Kleine Wasserteiche mit Fischen und Enten oder generell Tiergehege mit Hamstern, Meerschweinchen, Vögeln usw. geben dem Kind diesen beruhigenden Ausgleich.

Auch sollte Wert auf kreative Spielräume zum freien Gestalten gelegt werden. Gruben, in denen sich Wasser und Sand befinden, worin die Kinder tüchtig matschen können, werden neben einem interessanten Spielangebot besonders großen Anklang finden.

19 Körpergeschick
Altersgruppe ab: 4 Jahre

Medien: *Hindernisse zum Übersteigen,*
Durchkriechen und Erklettern:
Stühle
Tische
Schaumstoffteile
Lüneburger Stegel
Großgeräte in der Turnhalle
Kleingeräte:
Ball, Reifen, Seile
Sandsäckchen
Klanginstrumente

Förderschwerpunkt: *Räumliche Bewegungsanpassung*

In den frühen Lebensjahren hat das Kind die Materialien seiner Umwelt ertastet. Es kennt seine Beschaffenheit und hat eine Vorstellung von den Größenverhältnissen. Meist ist jedoch nur der Kontakt mit den Materialien aufgenommen worden, die für ein Kind noch überschaubar sind, d. h. die es in die Hand nehmen kann und die seine Körpergröße nicht übersteigen. (Vgl. „Förderschwerpunkt: Berührungsempfindung", S. 45.) Gegenstände, die in einem Raum aufgestellt sind wie Schränke, Regale, in der Turnhalle die Kästen und Kletterstangen, im freien Gelände Bäume, hohe Mauern, Autos usw. können in der Größendimension nur vage erfaßt werden. Das Kind soll lernen, sich an die unterschiedlichen Gegebenheiten eines Raumes anpassen zu können. Geräte, die einen großen Raum unterteilen, müssen umgangen bzw. durch Überklettern oder Hindurchkriechen überwunden werden. Auch sollen die Kinder lernen, selbst Hilfsmittel zu erfinden, um über erhöhte Gegenstände zu kommen. In der Wohnung können Möbelstücke zusammengeschoben werden, um eine Kletterlandschaft zu bauen. Im freien Gelände sucht man sich Baumstämme, kleine Gräben und Zäune und übersteigt mit dem Kind diese Hindernisse. Abenteuerspielplätze bieten auch diese Gelegenheiten. Eine künstliche Kletterlandschaft kann der Lüneburger Stegel schaffen, aber auch Großgeräte aus der Turnhalle, wie Reckstangen, Matten, Kästen und Schwebebänke lassen sich zu einem „Big Mountain" kombinieren. Das Kind übt in diesen Gerätebahnen seine Geschicklichkeit und Wendigkeit. Es gewinnt an Mut und Selbstvertrauen. Es soll von dem Erwachsenen nicht dazu gedrängt werden, eine bestimmte Höhe überwinden zu müssen. Der Antrieb soll vom Kind alleine kommen.
(Vgl. auch „Förderschwerpunkt: Veränderung der Raumlage . . . Sich durch Hindernisse winden und sie überklettern", S. 17.)

Lernsituation: *Durchqueren und Überwinden von Hindernisbahnen.*

Als Vorstufe dieser Übungseinheit sollen Geräte, die im Raum verteilt stehen, erst einmal umlaufen werden. Das Kind erkennt rechtzeitig die Hindernisse und stellt sich darauf ein, d. h. es verringert sein Tempo und ändert seine Richtung. Anschließend sucht man sich Situationen, in denen durch Hindernisse gekrochen werden muß; niedrige Geräte können auch überstiegen werden. Erst danach sollte das Kind den Versuch unternehmen, auch hohe Geräte zu erklettern und zu übersteigen bzw. an ihnen herunterzurutschen. Man bietet auch solche „Problemaufgaben" an, aus denen nicht von vornherein ersichtlich wird, wie das Kind auf das hohe Gerät gelangen kann. Vielleicht findet es selbst die

Möglichkeit, Kästen aufeinanderzustellen oder sich an einem Seil hinaufzuhangeln. Sucht das Kind Unterstützung bei den Erwachsenen, wird es schon um Hilfe rufen. Eltern und Erzieher müssen spüren, wann sie ein Kind noch zu führen haben. Weitgehend soll es alleine über diese Hindernisse gehen.

Übungsvorschläge:

— Das Kind durchläuft den Raum, in dem einige Hindernisse aufgestellt sind. Es umgeht Stühle, die Kartons, die kleinen Kisten oder die Schaumgummiblöcke. Auch kann es über Sofakissen springen und kleine Kreise um diese Geräte laufen.

— Eltern oder Erzieher führen das Kind an der Hand bzw. an Arm und Hüfte gefaßt durch den Raum und um- bzw. überlaufen die Hindernisse. Dabei hält das Kind die Augen geschlossen. Das Kind soll auch den Erwachsenen führen. Das Gespür für einen Raum und die in ihm aufgestellten Geräte wird dadurch intensiviert.

— Der Raum wird mit unterschiedlichem Tempo durchquert. Die Kinder sind Rennfahrer oder Flugpiloten und bemühen sich, die Gegenstände nicht umzustoßen. Diese Spielform kann auch als Rollenspiel ausgeführt werden. Verschiedene Verkehrsteilnehmer durchqueren den Raum: Sie sind ein Sportwagenfahrer, ein Fahrer in einem kleinen alten Auto, ein Traktor- oder Radfahrer, ein Fußgänger usw. Die Kinder können „Tankstellen“ anfahren, rückwärts fahren, Fahrzeuge einparken usw.

— Die Hindernisse (auch Seile) werden zu einer Straße ausgelegt, die sich immer mehr verengt. Auf dieser Straße gehen sie vorwärts und rückwärts, mit offenen und geschlossenen Augen, sie können auch auf allen vieren die Straße entlangkrabbeln, ohne die „Häuserfronten“ zu berühren. Ebenso durchgehen sie die Straßen mit einem Partner oder als kleine Gruppe, eingehakt oder als Schlange hintereinander. Während sie über diese immer enger werdende Straße gehen, werden Geräte transportiert. Sie tragen einen großen Korb auf dem Kopf (Rollenspiel: „Wir befinden uns im Orient“), kleine Kisten oder Sandsäckchen. Sie spielen eine Straßenszene, in der sie „Kästchen“, „Taschen“ und „Pakete“ unter den Arm klemmen oder vor sich her über die „Straße“ tragen. Viel Spaß macht es, wenn noch kleine „Stege“ oder „Zäune“ als Hindernisse eingebaut werden.

— Ein Raum mit Hindernissen oder eine immer schmaler werdende Straße wird durchlaufen, indem man einen Reifen neben sich herrollt. Auch können Bälle bei dem Lauf gerollt bzw. geprellt werden.

— Das Kind führt einen Partner, der in einem Reifen steht oder an einem Seil festgebunden ist, über eine Straße. Das geführte Kind muß sich ganz auf den Partner verlassen. Es kann die Augen geschlossen halten und reagiert nur auf Druck und Zug bzw. verbale Anweisungen.

— Die Kinder durchqueren einen Raum mit Hindernissen und mit eingebauten „Straßen" auf rollenden Geräten: sie liegen oder sitzen auf einem Rollbrett, sie fahren mit dem Kett-Car oder Scateboard, auch mit Rollschuhen können sie durch den Raum rollen.

— Das Kind lernt, sich auf veränderte Situationen einzustellen bzw. sich rasch umzustellen, wenn diese Hindernisse verändert werden, d. h., man stellt die Kästen dichter aneinander oder man läßt große Abstände, so daß ein neuer Bewegungsraum entsteht.

— Kinder und Erzieher bauen aus Geräten (man benötigt viele Seile und Gummischnüre sowie Kissen, Kästen und Schaumstoffblöcke) einen Irrgarten. Mit und ohne Geräte durchlaufen sie diesen Garten und sollen die entsprechenden Durchgänge finden.

— In dem Raum stehen kleine Kästchen. Es liegen Reifen oder Zeitungen auf dem Boden oder niedrige Schachteln. Die Kinder hüpfen von Gerät zu Gerät und sollen alle Gegenstände einmal besucht haben. Auch kann ein rhythmisches Signal (Klanghölzer, Tamburin usw.) angeben, daß jetzt ein Ortswechsel zu erfolgen hat. Mehrere Kinder können sich auf oder in einem Gerät befinden. Man kann aber auch ausmachen, daß jeweils nur ein Kind im Reifen, Karton o. ä. stehen bzw. sitzen darf.

Die Konzentration wird geübt, wenn die Kinder gefragt werden, in welchem Reifen o. ä. sie beim letzten Wechsel gestanden haben oder ob sie noch wissen, auf/in welchem Gerät sie beim drittletzten Wechsel waren. Als Hilfe kann ein anderes Signal angeben, daß sie sich diese Position merken, sie aber erst nach mehreren Ortswechseln nach der alten Position gefragt werden.

— Aus der natürlichen Umgebung können mit Hilfe von Brettern, Baumstämmen, Steinen, herunterhängenden Ästen, Sandhaufen usw. Hindernisbahnen gebaut werden, die das Kind als kleine Abenteurer (Robinson, Tarzan) überqueren.
(Vgl. „Förderschwerpunkt: Körpergeschick . . . Hängen, Hangeln und Schwingen an Geräten", S. 72.)

— In einem großen Bewegungsraum werden die Geräte zu einem „Big Mountain" zusammengebaut (vgl. Zeichnung).

Klettergitter und Kletterstangen werden mit dicken Tauen verbunden, an denen man sich entlanghangelt. Matten liegen auf schräggestellten Schwebebänken, auf die man hinaufklettern, von denen man herunterlaufen und -rollen kann. In federnde Geräte kann das Kind hineinspringen (Sicherheitsstellung/Hilfe durch Erzieher) und wieder auf ein erhöhtes anderes Gerät kommen. Ebenso kann das Kind durch Mattenrollen und Tonnen hindurchkriechen oder auch in einer solchen Tonne hinunterrutschen. Verbindet man dieses Spiel mit einer spannenden Erzählung oder auch einem Tarzanschrei, wenn an den großen Tauen auf oder über Kästen geschwungen wird, dann wird das Interesse der Kinder seinen Höhepunkt erreichen.

20 Körperwahrnehmung und Körpergeschick
Altersgruppe ab: 4 Jahre

Medien: *Kleidungsstücke zum Verkleiden*
Schminkfarbe
Geräte (siehe Zirkusnummer)

Förderschwerpunkt: *Ausdrucksschulung*
Kommunikation
Kreativität und Körpergeschick

Kinder lieben das Rollenspiel. Sie suchen sich dazu Situationen heraus, die in ihrem Erlebnisbereich liegen. Gerne spielen sie Familienszenen nach, wobei Konflikte, aber auch freudige Ereignisse verarbeitet werden. Es fällt ihnen leicht, Tiere nachzuahmen. Von besonderem Interesse für die Kinder ist ein Zirkus. Hier finden sich alle Bewegungssituationen, für die sich das Kind begeistert: ein Clown, eine Löwen- oder Seehunddressur, die Artisten, der Zauberer, Jongleure, Pferde und Elefanten, Affen u. v. m. In einem Rollenspiel versetzen sich die Kinder in die Situation eines im Zirkus auftretenden Menschen oder Tieres und versuchen, diese Handlungen nachzuahmen.

Bei den gemeinsamen Probearbeiten für die Aufführung lernen die Kinder besonders viel. Sie üben, sich aufeinander einzustellen und Dinge gemeinsam auszuführen. Mit großer Konzentration müssen sie die Bewegungen ausführen und aufeinander abstimmen. Auch erfahren sie, daß man zu einer bestimmten Zeit an einer bestimmten Position sein muß. Sie lernen also, Regeln und Normen einzuhalten. Fast immer werden sie von ihren Mitspielern zur Verantwortung herangezogen, wenn ihre „Nummer" nicht funktioniert. Somit braucht der Erzieher nicht einzuschreiten. Jüngere Kinder werden vorwiegend ihr Rollenspiel alleine ausführen wollen, weil sie sich stark mit bestimmten Tieren und Personen identifizieren. Sie vergessen dabei häufig ihre Stellung in der Gruppe. Darunter leidet das gemeinschaftliche Spiel, welches nur unter den Voraussetzungen des Abwartens und Zuhörens gelingen kann.

Die kreative und phantasievolle Tätigkeit darf jedoch nicht durch ein zu starres Regelsystem eingeengt werden. Wenn eine solche Zirkusnummer eingeübt und eine Vorführung vorbereitet wird, müssen mit den jüngeren Kindern aber soziale Kommunikationsformen abgesprochen werden. Hier lernen sie, für sich selbst verantwortlich zu sein und auch das vorzuführen, was sie sich vorgenommen haben (vgl. S. 109).

Lernsituation: *Zirkusnummer.*

Besonders gerne spielen die Kinder eine Clown-Nummer. Diese Person fasziniert durch ihre verfremdende Wirkung. Sie wirkt auf die Kinder häufig hilflos, und die Zuschauer haben das Bedürfnis, ihm helfen zu müssen. Allein die Person des Clowns hat eine besondere Bedeutung in der Therapie von verhaltensauffälligen Kindern (Kiphard); sie animiert ein Kind zum Selbsttun. Dadurch, daß er mit Problemen nicht fertig wird, erweckt er das Mitleid der Kinder. Entweder identifizieren sie sich mit ihm und vergleichen dieses Unvermögen mit ihrer eigenen Person, oder aber sie haben die Kräfte, diesem Clown unterstützend unter die Arme zu greifen. Dadurch können auch bewegungsarme Kinder zum Mittun angeregt werden.

Kunstfertigkeiten werden in den Nummern eines Akrobaten und Jongleurs verlangt. Die Kinder bekommen die Anregung, intensiv an einer Nummer zu üben, d. h., sie balan-

cieren auf einem „Seil“ oder versuchen, mehrere Luftballons oder Bälle in der Luft zu halten, auf Stäben zu transportieren oder sich zuzuwerfen. Kinder, die wenig konzentriert sind, können zu einer solchen Übung hingeführt werden und erleben Erfolg und Selbstbestätigung in dem Gelingen. Auch dadurch, daß mit mehreren Personen balanciert und jongliert wird, liegt in dem sozialen Bereich ein weiterer Förderschwerpunkt.
Für die Kinder sind Tiernummern nicht besonders schwer aufzuführen. In der Regel können auch leistungsschwächere in einer Löwendressurnummer oder aber als Elefant oder Pferd mitspielen und die Anweisung des Dompteurs befolgen. Der Erzieher muß jedoch darauf achten, daß diese Kinder auch schwierigere Situationen aufgetragen bekommen und nicht immer in der Herde mitlaufen. Eine Gefahr besteht auch in der Rolle des Dompteurs. Sie darf nicht einem Kind aufgetragen werden, das zu dominierend in der Gruppe ist und dadurch in dieser Eigenschaft noch unterstützt wird. Die Figur des Clowns ist ebenfalls nur mit Ernst und Hingabe auszuführen. Ein Clown verfremdet und karikiert Bewegungen, d. h., er verleiht dem Unsinn einen Sinn. Einfache „Blödeleien“ können zwar kurzfristig ausgelebt werden, jedoch muß dem Kind die Bedeutung dieser Person anschließend erläutert werden.

Vorschläge für eine Zirkusnummer

- Seiltänzer — über ein am Boden liegendes Seil gehen
- Clowns — Witze, komische Szenen spielen
- Jongleur — mit Luftballons, Bällen, Kegeln oder Reifen hantieren
- Akrobaten — auf erhöhten Gegenständen balancieren, an Ringen turnen, am Boden springen
- Zauberer — in Tiere, leblose Gestalten, Gegenstände, fremde Menschen: z. B. ,,Marsmensch'' — Besucher vom fremden Stern verwandeln
- Dompteur — Pferde, Elefanten, Löwen, Seehunde lenken und im Zaum halten
- Affen — das Leben der Affengroßfamilie in ihrer Baumwohnung darstellen u. v. m.

20	**Körperwahrnehmung und Körpergeschick** Altersgruppe ab: 4 Jahre

Medien: *Klanginstrumente*

Förderschwerpunkt: *Rhythmische Schulung*

Die Natur des Menschen ist so angelegt, daß er Struktur in seinen Lebensablauf bringen möchte. Alle organischen Vorgänge, aber auch die Abläufe im täglichen Leben, sind einem gewissen Ordnungssystem und regelmäßigen Zeitschema unterworfen.

Der Tages- und Nachtrhythmus, Essenszeiten (vor allen Dingen beim Säugling), Traumphasen, Zeiten starker Arbeitsintensität, aber auch Ermüdbarkeit, unterliegen unserer inneren biologischen Uhr. Auch kosmische und atmosphärische Einflüsse wirken sich auf den Menschen aus. Neben diesen mehr übersinnlich, in einer regelmäßigen Ordnung ablaufenden Vorgängen wird der Mensch auch von biomechanischen Abläufen gesteuert. Seine Muskeltätigkeit ist ein ständiges Wechselspiel zwischen Spannung und Entspannung. Diese rhythmischen Vorgänge sind beim gesunden Menschen harmonisch und zeigen eine gut koordinierte Bewegung. Organische und psychische Schädigungen können aber zu einer unharmonischen und ungeschickten Bewegung führen. In einzelnen Entwicklungsabschnitten sind Störungen des Bewegungsrhythmus aber etwas Natürliches. Der Säugling hat noch abgehackte, unharmonische Bewegungsformen. Ein Jugendlicher in der Pubertät weist auch starke Disharmonien im Bewegungsablauf auf. Im Kleinkindalter können geschickte und harmonische Bewegungen über Rhythmen geübt werden. Das Kind lernt das harmonische Zusammenspiel von Muskeln, Nerven und Sinnen, sein Gehör, das Tastempfinden und die Konzentration sind ebenfalls stark angesprochen.

Lernsituation: *Gehen und Laufen, Klatschen nach Rhythmen.*

In einem kleinen Bewegungsraum ohne störende Geräte bewegen sich die Kinder nach ihrem eigenen Rhythmus bzw. nach vorgegebenen Rhythmen. Sie benutzen ihren Körper als Instrument, spielen aber auch mit weiteren Klanginstrumenten. Es können kleine Singlieder ausgewählt werden, ebenso eignen sich klar gegliederte Musikstücke. Erzieher und Kind führen die Bewegungen aus.

Übungsvorschläge:

— Die Kinder sitzen im Kreis und haben sich eingehakt. Das kleinere Kind kann auch auf dem Schoß des Erwachsenen sitzen. Nach einer Melodie wiegen die Kinder hin und her.

Flötenstück zum Wiegen und Schunkeln

Familie Schaukelmann

Wir sind Familie Schaukelmann,
und jeder, der es auch so kann,
der schaukelt mit uns hin und her,
setzt euch doch zu uns, bitte sehr!

Kreisform, Schaukeln rechts und links

Denn Schaukeln kann doch jedes Kind,
und weil wir alle Kinder sind,
bau'n wir 'ne Kinderschaukel auf,
schau hier, da paßt noch einer drauf.

Sitzen in einer Reihe schaukeln rechts und links

Wollt ihr 'ne Schaukelschlange sein?
Dann setzt euch ganz dicht, Bein an Bein,
hintereinander und faßt auch
den Vordermann um seinen Bauch.

Sitzen hintereinander vor und zurück

Die Schlange schaukelt vor — zurück,
und irgendwann wird sie zum Glück
mal müde und dann bleibt sie stehn
und legt sich flach: „Auf Wiedersehn!"

Wenn die Schlange müde wird, legen sich alle zurück

Text: Bärbel Schäfer

— Die Kinder klatschen einen Sprechvers und wechseln bei erneuter Wiederholung das Tempo. Sie können dazu in die Hände klatschen, auf den Boden, auf die Oberschenkel des Nachbarn oder auch mit den Füßen klopfen. Es ist auch möglich, daß sie sich, während sie den Vers sprechen, nach dessen Rhythmus im Raum bewegen.

Sprechvers:

Bei Müllers hats gebrannt-brannt-brannt,
da bin ich hingerannt-rannt-rannt.
Da kam ein Polizist-zist-zist,
der schrieb mich auf die List-list-list.
Die List, die fiel in'n Dreck-dreck-dreck,
da war mein Name weg-weg-weg.

— Die Gruppe sitzt im Kreis. Jedes Kind nennt einzeln seinen Namen, der von den anderen Kindern wiederholt wird. ,,Ich heiße . . .'' Die Antwort der Kinder: ,,Sie heißt . . .'' Die Kinder können auch Klanginstrumente nehmen, um den Namen zu untermalen.

— Die Kinder sitzen im Kreis. Ein Kind klatscht mit den Händen und stampft mit den Füßen, auch durch Berührung der Oberschenkel oder Schlagen auf des Gesäß, einen Rhythmus vor, der von den anderen Kindern wiederholt wird. Möglichst viele Varianten sollen herausgefunden werden, wie über den Körper bzw. mit dem Körper Töne produziert werden können. Das gleiche versucht man mit Hilfe von Klanginstrumenten wie Klanghölzern und Becken, die gegeneinander, aber auch auf den Körper geschlagen werden können.

— Die Kinder sitzen in Kreisform auf dem Boden und singen ein Lied:

Der arme Ritter

2. Nun sind zum Babysitten
Die Ritter sehr umstritten.
Drum konnt' er glücklich sein:
Er kriegte gute Kost von
Dem Mister Brown in Boston
Und Dollars obendrein.

3. Doch Ritter brauchen leider
Sehr teure Panzerkleider,
Die man vom Schmied bezieht.
So trug der arme Ritter —
Und das war wirklich bitter —
Den ganzen Lohn zum Schmied.

4. Oft zwischen Schlaf und Wachen
ersehnte er sich Drachen
Zum Kampf mit Helm und Speer.
Doch diese Ungeheuer
Mit Augen wie von Feuer,
Die gibt es längst nicht mehr.

5. So ist der arme Ritter
Noch immer Babysitter,
Auch wenn's ihm nicht behagt.
Doch sei'n wir nicht verwundert:
Im zwanzigsten Jahrhundert
Sind Ritter nicht gefragt.

Worte: James Krüss, Weise: Waltraud Meusel
Aus: „Der wohltemperierte Leierkasten“, James Krüss, C. Bertelsmann Verlag, München.

Nach der Melodie bzw. dem Rhythmus klatschen sie in die eigenen Hände und gegen die des Nachbarn oder aber in die eigenen Hände, auf ihre Oberschenkel und gegen die Hände des Nachbarn, oder aber in die eigenen Hände, auf die eigenen Oberschenkel, auf die Oberschenkel des Nachbarn und gegen dessen Hände usw. Je älter die Kinder sind, desto mehr Variationen können gefunden werden.

— Kinder liegen in Rückenlage auf dem Boden. Sie konzentrieren sich auf ein gleichmäßiges Ein- und Ausatmen. Dabei achten sie auf die natürliche Auf- und Abwärtsbewegung des Bauches. Diese Bewegung kann für die Kinder deutlich gemacht werden, indem ein Gegenstand auf ihrem Bauch liegt, der sich gleichmäßig heben und senken muß. Anschließend gibt der Erwachsene einen gleichmäßigen Rhythmus vor, nach dem alle Kinder ein- und ausatmen.
(Vgl. auch „Förderschwerpunkt: Bewußte Ein- und Ausatmung“, S. 24.)

— Der Erzieher klatscht einen Rhythmus vor, der von allen Kindern nachgeklopft wird. Anschließend erfinden die Kinder selbst dazu Fortbewegungsmöglichkeiten im Raum. Ein kleiner Text kann diesen Rhythmus noch begleiten:

1 2 3 4 / durch die Stadt mar-schie-ren wir

links rechts links rechts / Donnerwetter — halt.

Es wäre schön, wenn die Kinder selbst solche ähnlichen Sprechverse erfinden könnten.

— Zwei Kinder spielen auf unterschiedlichen Klanginstrumenten. Ein Kind hat z. B. ein Becken (Deckel oder Kochtopf), das andere eine Rassel. Sie spielen abwechselnd. Die Kinder erfinden Bewegungsformen zu diesen unterschiedlichen Klängen. Auf das Schlagen des Beckens gehen sie vorwärts, bei der Rassel drehen sie sich im Kreis. Die Kinder führen diejenigen Bewegungsformen aus, die sie selbst machen möchten. Es können noch weitere Klanginstrumente hinzugenommen werden.

Trampellied

Ich ging (wir gingen) wohl über Meer und Land,
da traf ich einen alten Mann,
der sagte so und fragte so:
Sagt, wo seid ihr zuhaus?

Refrain: 1. Wir sind zuhaus im Trampelland, Trampelland, Trampelland,
und jeder, der gut trampeln kann,
ist zuhaus im Trampelland.

2., 3., 4. und alle weiteren Strophen:
„trampeln" durch andere Bewegungsformen ersetzen:
klatschen, winken, nicken, hüpfen usw.

— Jedes Kind erhält ein Instrument und bewegt sich dazu im Raum. Alle spielen erst einmal ihren eigenen Rhythmus und einigen sich dann auf einen gemeinschaftlichen. Hier können sich auch Paare zusammenfinden, wobei der eine Partner das Instrument bewegt und der andere die entsprechenden Fortbewegungsmöglichkeiten erfindet. Aus diesem Spiel kann eine kleine pantomimische Darstellung werden.

— Der Erwachsene gibt eine Melodie vor, wobei die Lautstärke verändert wird. Die Kinder führen, je nach Tonhöhe, entsprechende Bewegungen aus. Sie machen sich bei leisen Tönen ganz klein, bei lauten Tönen groß. Ältere Kinder können daraus eine ,,Wasser- oder Lichtorgel'' entwickeln.

— Die ganze Gruppe kniet im Kreis. Vor jedem Kind liegt ein kleiner Gegenstand, z. B. Stein, Kartoffel, Tannenzapfen oder Glöckchen. Während die Kinder den folgenden Vers sprechen, wird die Kartoffel jeweils vor der eigenen Person, dann beim rechten Nachbarn und wieder vor der eigenen Person auf den Boden getippt. Man beginnt jeweils bei sich selbst und wechselt ständig zwischen seinen Nachbarn hin und her.

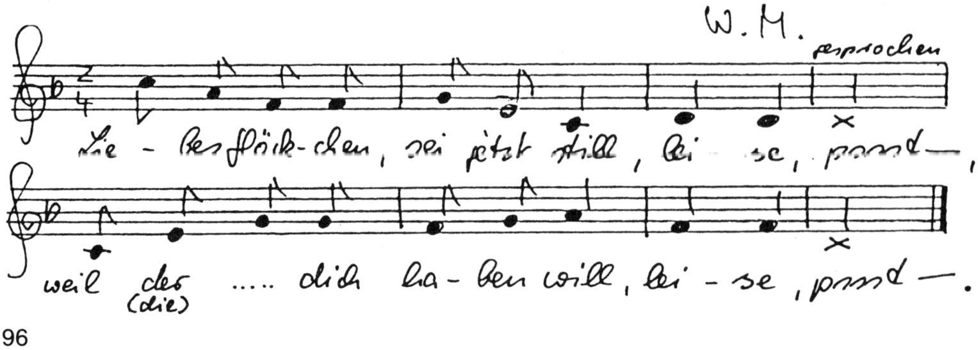

La-di-da — La-di-da
+ ○ + + ○ +

la-di-la-di-la-di-da
+ ○ + ○ + ○ ○

+ eigene Person
○ Nachbar

Bei der letzten Silbe sollte der Gegenstand dem rechten Nachbarn übergeben werden.

— Der Betreuer erzählt den Inhalt eines Liedes und singt die Strophe vor. Die Kinder führen zu den entsprechenden Begriffen die Bewegungen aus. Sie erfinden selbst variationsreiche Bewegungen der Hände und Füße.

21 Körpergeschick

Altersgruppe ab: 4 Jahre

Medien: *Bettuch oder Plastikplane*
bzw. Riesenschwungtuch
Bälle
Kugeln
Luftballons
Klanginstrumente

Förderschwerpunkt: *Gesamtkörperkoordination*
Partnerschaftlich handeln

Gleichmäßige Auf- und Abbewegungen finden wir beim Federn und Wippen. Sie sind beim Kleinkind meist ungestüm und explodierend, werden aber mit zunehmendem Alter rhythmisch und harmonischer. Diese Bewegungen führt das Kind auch meist alleine oder mit einem Partner an der Hand aus.

Das große Tuch eignet sich besonders für das Spielen in Gruppen. Jedes Kind faßt an der Kante des Tuches und ist dadurch gezwungen, kooperativ zu spielen. Man muß sich auf eine Ausführung einigen und so auf den Partner Rücksicht nehmen. Kommt es nicht zu gemeinsamen Bewegungsformen, wird das an der Oberfläche des Tuches optisch deutlich. Die Bedeutung des Wortes ,,an einem Strang ziehen'' ist für die Kinder erkennbar. Das riesengroße Schwungtuch fördert die Kommunikation und die Gemeinschaftsfähigkeit. Auch das bewegungsarme Kind wird zum Mittun angeregt.

Das kleine Kind ist nicht gewohnt, über einen längeren Zeitraum konzentriert in einer Gruppe zu üben. Ein großes Tuch oder eine Plane faszinieren so stark, daß es zur Konzentrationsförderung dieser Kinder eingesetzt werden kann. Die Wellenbewegungen des Tuches, das Erzeugen von Wind mit den begleitenden Geräuschen, versetzen das Kind in eine Fantasiewelt. Die schwingenden Auf- und Abbewegungen fördern die Koordination der Kinder und beanspruchen ihre Ausdauer. Durch die Größe des Tuches werden die Bewegungen der Kinder verstärkt und optisch sichtbar gemacht. Sie können unkoordinierte Abläufe deutlich erkennen und sich der Gruppe besser anpassen.

Ein weiches Tuch läßt sich variationsreicher handhaben als eine Plastikplane. Das harte Kunststofftuch motiviert dagegen stark im akustischen Bereich und weckt das Interesse der Kinder durch die knisternden Geräusche.

In dieser Einheit tauchen Übungsbeispiele auf, die in anderen Förderschwerpunkten bereits vorgeschlagen wurden. Zwangsläufig muß dem Thema ,,Kreativer Umgang mit dem Tuch'' die Förderung mehrere Aspekte, wie die der Körperwahrnehmung, der Wahrnehmung der Raumlage, der akustischen Schulung, der Auge-Hand-Koordination und Gesamtkörperkoordination, berücksichtigen. Im Mittelpunkt steht der Aufforderungscharakter des großen Tuches. Läßt man die Kinder gewähren, werden sie zu fast jedem Förderbereich Übungen erfinden, sogar zu dem „Förderschwerpunkt: Gewöhnung an das Element Wasser", (S. 34), wenn das Tuch mit in das Schwimmbecken genommen wird.

Lernsituation: *Kreativer Umgang mit dem großen Tuch.*

Die Größe des Tuches muß der Gruppenstärke angepaßt sein. Die Kinder werden aber von einem Riesenschwungtuch mehr fasziniert sein als von einem Bettuch. Deswegen ist es günstiger, wenn bei diesen Übungen Eltern und Geschwister teilnehmen können.

Auch ist das Schwingen des Tuches eine große Kraftanstrengung, die mit Unterstützung der Erwachsenen unternommen werden sollte. Am besten spielt man mit dem großen Tuch im Freien. Ein großer Raum muß eine hohe Decke haben. Ist das Gerät den Kindern noch unbekannt, gibt man Ihnen die Möglichkeit, erst einmal ohne Bewegungsanweisung kreativ mit dem Tuch umzugehen.

Übungsvorschläge:

— Das große Tuch liegt zusammengefaltet auf dem Boden. Die Kinder nähern sich diesem und ziehen es auseinander. Erwachsene beobachten das freie Spiel der Kinder und schränken es zu Beginn nicht ein. Wahrscheinlich werden die Kinder das Tuch erst einmal tüchtig schütteln und schwingen. Es wird sie reizen, auf diesen „Wellen“ herumzulaufen. Auch möchten sie sich unter dem Tuch verstecken.

— Das Tuch ist leicht gespannt und wird von den Erwachsenen an den vier Ecken — und evtl. noch einmal von jeweils einer Person in der Mitte jeder Seite gefaßt — über dem Boden gehalten. Die Kinder kriechen unter dem Tuch umher. Es ist darauf zu achten, daß sie sich nicht gegenzeitig anstoßen. Die Kinder können auch unter dem Tuch auf dem Rücken liegen und mit den Füßen dagegentreten. Sie trommeln mit den Händen gegen das Tuch oder richten sich auf und setzen sich wieder hin. Nacheinander können auch die Seiten gewechselt werden. Man benennt vorher die Kinder, die ihren Platz an der Tuchaußenkante austauschen. Hierbei wird besonders das Raumgefühl geschult. Vor allen Dingen, wenn sich die Kinder nicht genau gegenüber, sondern in einer Diagonale befinden, fällt ihnen die Orientierung schwerer.

— Das Tuch liegt ausgebreitet auf dem Boden. Die Kinder rollen sich in das Tuch hinein und wieder heraus. Sie achten dabei auf ihren Partner. Dieses Ein- und Ausrollen kann auch im Stand ausprobiert werden, so daß das Kind wie eine Mumie aussieht. (Vgl. auch ,,Förderschwerpunkt: Bewußtmachen der Rollbewegung'', S. 65.)

— Ein Kind liegt unter dem Tuch, während der Partner daneben auf dem Tuch kniet. Das auf dem Tuch befindliche Kind ertastet verschiedene Körperteile des Kindes unter dem Tuch: seinen Kopf, seinen Körper, seine Beine, seine Finger oder Zehen, seine Nase oder Ohren usw. Die Berührungen sollen behutsam und rücksichtsvoll erfolgen.

— Ein Kind steht unter dem Tuch und nimmt eine bestimmte Körperhaltung ein. Alle Kinder ertasten diese Position und stellen sie neben dem Tuch nach. Anschließend wird das Tuch heruntergezogen, und man kontrolliert die richtige Körperstellung. Dabei ist auch auf Feinheiten wie die Handhaltung und Fußstellung zu achten. (Vgl. auch ,,Förderschwerpunkt: Gesichtswahrnehmung“, S. 31.)

— Von den Erwachsenen wird das Tuch an den Außenkanten nur leicht gehalten. Die Kinder bewegen sich wie Geister unter dem großen Tuch. Diese Übung ist besonders interessant bei Verdunkelung mit wenig Beleuchtung und entsprechender Musikbegleitung. Wahrscheinlich werden die Kinder die Geräusche selbst produzieren. Besonders reizvoll ist auch das An- und Ausknipsen einer Taschenlampe, die von außen auf das Tuch gerichtet wird.

Die Angst wird einfach ausgelacht

Vorspiel und Begleitung zum Gespenstersong

Was klingt denn da so schauerlich?
Ich fürcht mich so, ich fürcht mich so.
Ich grusel mich so sehr.
Ich glaub nicht an Gespenster.
Doch manchmal denk ich nachts, ich hör:
Da klopft doch eins am Fenster.

Wer hat Angst vor'm Kellerloch?
Niemand! Ich nicht! Du aber doch!
Keiner glaubt ans Nachtgespenst,
trotzdem graust's dich, daß du rennst.
Warum denn bloß? Warum denn nur? —
Von Gespenstern keine Spur

Erschreck mich doch! Erschreck mich doch!
Ich fürcht mich nie. Ich fürcht mich nie.
Ich grusel mich nicht mehr.
Gespenst will ich heut selber sein.
Und mit „Huhuuu!", das ist nicht schwer,
jag ich euch Schrecken ein.

Wer hat Angst vor der Dunkelheit?
Wir beide nicht. Wir sind zu zweit.
Wer spielt mit uns Geisterbahn?
Wer spielt mit uns „Schwarzer Mann"?
Wer spielt mit uns „Gespenster-Nacht"?
Die Angst wird einfach ausgelacht!

Fuchs, P./Gundlach, W./Verlagsredaktion Grundschule: Unser Liederbuch für die Grundschule. Klett-V., Stuttgart 80. (Alle Rechte bei Rainer Hachfeld und Bernd Konrad.)

— Die Kinder liegen unter dem leicht gespannten Tuch. Von außen ertönt ein akustisches Signal, z. B. Glöckchen. Die Kinder kriechen in die Richtung, aus der der Ton kommt. Anschließend erklingt aus einer anderen Richtung der Ton. Es können sich an der Seite auch mehrere Personen befinden, die in einem nicht zu schnellen Wechsel dieses Signal erklingen lassen. Die Kinder kriechen auf diesen Ton zu. (Vgl. auch ,,Förderschwerpunkt: Akustische Schulung'', S. 52.)

— Alle Kinder fassen nur an einer Seite die Kante des Tuches und schlagen damit dicht über dem Boden „Wellen". Sie probieren große und kleine ,,Wellen'' aus und begleiten sie mit entsprechenden Windgeräuschen. Ein oder zwei Kinder können sich dann auf die Gegenseite des Tuches stellen und versuchen, auf die „Wellen" zu treten. Auch können alle Kanten des Tuches gefaßt werden, wobei das Tuch noch locker auf dem Boden hängen muß. Die Kinder schlagen wiederum „Wellen". Ein oder zwei Kinder laufen auf dem Tuch herum. Die Beobachtung dieser „Wellen" ist auch für ein in der Mitte des Tuches sitzendes Kind interessant.

— Man faßt das Tuch an den Außenkanten und schwingt es langsam auf und ab. Dabei kann das Tempo wechseln. Geht man während des Hochschwingens einige Schritte nach innen, wölbt sich das Tuch zu einer großen Glocke. Die Kinder stehen erfahrungsgemäß gerne unter dieser Glocke und betrachten sie fasziniert. Das Tuch kann auch nach dem Hochschwingen von allen Teilnehmern gleichzeitig losgelassen werden. Es senkt sich dann langsam über die Köpfe der Darunterstehenden.
Während des gleichmäßigen Auf- und Abschwingen des Tuches geht die Gruppe 3—5 Schritte nach innen. Alle Teilnehmer einigen sich, daß z. B. nach dem 5. Aufschwingen, wenn die Gruppe also in den Kreis hineingegangen ist, die Tuchkante weiterhin festgehalten und hinter den Köpfen auf den Boden gezogen wird. Alle Personen setzen sich auf diese Kante und befinden sich jetzt in einer Höhle. Hier können kleine Geschichten erzählt werden, die die Fantasiewelt der Kinder anregen. (Vgl. auch Abschnitte ,,Sicheres Gehen'', S. 38; ,,Ausdrucksschulung, Kommunikation, Kreativität'', S. 54.)

— Das Tuch wird nach dem Tempo einer vorgegebenen Musik bzw. von Klanginstrumenten geschwungen, geschüttelt oder gezogen. Interessant ist ein Rhythmuswechsel, der aber nicht zu rasch erfolgen darf. Führt man diese Übung im Dunkeln durch und stellt man Lampen unter das Tuch, werden die Eindrücke noch verstärkt und gefühlsbetonte Stimmungen erzeugt. Die Kinder brauchen nicht am Platz stehen zu bleiben, sondern können sich später kreisförmig laufend oder hüpfend bewegen bzw. in dem Raum mit dem Tuch umhergehen. (Vgl. auch „Förderschwerpunkt: Wahrnehmung der Raumlage", S. 12.)

— Auf das Tuch werden kleine Holzkugeln gelegt, die durch ein leichtes Rütteln hin- und herrollen bzw. auf- und abhüpfen. Auch hier kann Musik im Hintergrund einen intensiveren Eindruck erzeugen. Ebenso probiert man verschiedene Bälle oder Luftballons bzw. Kugeln auf dem Tuch aus, läßt sie rollen oder springen. Luftballons werden in der Abbewegung von dem Tuch angezogen und vermitteln einen interessanten Eindruck. Gerne liegen dann die Kinder auch unter dem Tuch und beobachten das Rollen und Hüpfen der Bälle und Kugeln. Aus dieser Beobachtung kann sich eine Spielform entwickeln: die Kinder versuchen die Bälle, Kugeln oder Luftballons unter dem Tuch zu berühren bzw. aus dem Tuch zu schlagen.

— Auf das Tuch wird ein Ball gelegt, den man hin- und herrollt. Man kann ihn auch um die Kanten herumrollen lassen. Mit starker Konzentration werden die Kinder das Rollen beobachten. Ein Kind kann den auf dem Tuch rollenden Ball auch zu einem Partner hinüberrollen lassen. Alle Personen steuern die Bewegung durch Heben und Senken des Tuches. Nimmt man eine Plastikplane und füllt sie mit etwas Wasser (im Freien im Sommer), probiert die ganze Gruppe, dieses Wasser leicht hin und her zu schwenken. Ein Kind unter der Plane beobachtet das in der Plane stehende Wasser und schlägt von unten gegen diese. Auch können aus Spaß vorher benannte Kinder mit dem Wasser begossen werden.

— Gerne legt sich ein Kind in das Tuch hinein, hat evtl. die Augen geschlossen und wird von allen Personen, die das Tuch halten, leicht hin und her geschwungen bzw. hochgeworfen. Es ist darauf zu achten, daß das Kind nicht den Boden berührt (evtl. eine Matte unterlegen).

— Alle Kinder liegen unter dem Tuch. Die Erwachsenen schwingen das Tuch langsam auf und ab. Durch diese Luftschwingungen und evtl. noch im Hintergrund spielende beruhigende Musik werden die Kinder in einen gelösten Entspannungszustand versetzt und ruhig.

22 Körpergeschick
Altersgruppe ab: 4 Jahre

Medien: *Verschiedene Wurfgegenstände*
Behälter

Förderschwerpunkt: *Koordinierte Bewegungen im Raum*
Auge-Hand- und Auge-Fuß-Koordination

Wie bereits in Abschnitt „Körpergeschick, Auge-Hand-Koordination . . . Kreativer Umgang mit dem Schleuderhorn" betont wurde, hat ein spezielles Training der Auge-Hand-Koordination Auswirkungen auf die Verbesserung der Gesamtkörperkoordination. Auch in Band 4 dieser Reihe (Sinnhuber, S. 128 ff) wird diesem Förderbereich ein besonderes Augenmerk gewidmet. Im folgenden Abschnitt wird besonders darauf geachtet, daß bei den Bewegungen der gesamte Körper beteiligt ist. So werden Übungen beschrieben, die sich in einem weiten Raum ausführen lassen und die vor allen Dingen für das Vorschulkind bestimmt sind.

Früh übt das Kleinkind die Auge-Hand- und Auge-Fuß-Koordination. Es steckt seine Fäuste oder Finger und auch seine Füße in den Mund. Es greift nach Spielgegenständen, zieht sie an sich heran oder wirft sie wieder fort. Diese Bewegungen sind zu Beginn ungelenk, d. h. abgehackt, unharmonisch und zum Teil noch richtungsgestört. Es findet z. B. nicht seinen Mund oder die andere Hand, es wirft den Baustein in eine Richtung, die gar nicht geplant war, es schiebt den Teller beiseite, und dieser rutscht über die Tischkante.

Ein Üben der Zielbewegung erscheint jedoch erst ab dem 4. Lebensjahr sinnvoll, da für diesen Bewegungsablauf Konzentration und Behutsamkeit Voraussetzung sind. Auch entwickelt sich erst mit zunehmendem Alter die Feinsteuerung. Soziale Einflüsse sind der Grund dafür, daß den Handbewegungen (der Auge-Hand-Koordination) gegenüber den Fußbewegungen (Auge-Fuß-Koordination) der Vorrang eingeräumt wird. Daß die Beweglichkeit der Füße genau so stark entwickelt werden kann wie die der Arme, läßt sich z. B. bei angeborener Armbehinderung verdeutlichen. Die Füße übernehmen die gleiche Funktion wie die Hände. Der Förderbereich der Auge-Hand-/Fußkoordination setzt auch ein gesundes Raumverständnis und eine Bewegungsvorwegnahme voraus. Rechtzeitig müssen z. B. die Hände nach vorne genommen werden, wenn ein Ball erwartet oder geprellt wird. Gerade bei den Übungen mit schnell beweglichen Gegenständen wie den Bällen wird auch die Reaktion der Kinder gefördert. Bei allen diesen Übungen ist der Erfolg sofort sichtbar: Die Kegel kippen um, der Ball fällt in den Kasten, das Sandsäckchen hat die Markierung getroffen usw. Dadurch erhalten die Kinder eine direkte Bestätigung, was sie zum weiteren Üben anspornt.

Lernsituation: *Zielen und Treffen.*

Das freie Gelände ist der ideale Übungsraum für das Werfen mit verschiedenen Materialien. Schon das Kleinkind wirft mit Steinen oder Sand in die Luft, in das Wasser oder auch gerne auf andere Personen. Ihm sind die Gefahren dieser Handlung nicht voll bewußt. Eltern und Geschwister verweisen auf mögliche Verletzungen und erklären dem Kind rechtzeitig, daß Personen nicht das richtige Zielobjekt sind. Es muß erfahren, daß bestimmte Gegenstände Schmerz zufügen, daß es aber auch Materialien gibt, die eine andere Person nicht als unangenehm empfindet, wie z. B. Wasser, Badeschaum, Kissen, Tücher, Schaumgummibälle, Stofftiere, Teddybär u. ä. Bei jüngeren Kindern wählt man große und griffige Gegenstände aus, die mit zunehmenden Alter differenziert werden,

z. B. vom Schaumgummiball zum Tennisball, vom Noppenball zur Kugel, vom Riesenballon zur Papierkugel, vom Stofftier zum Papierflieger usw. Wesentlich ist, daß nicht nur immer mit dem gleichen Ball, sondern mit Bällen aller Größen und unterschiedlicher Materialbeschaffenheit geübt wird.

Übungsvorschläge:

— Vor dem Kind liegen Bälle unterschiedlicher Größe und von verschiedener Materialbeschaffenheit. Das Kind ertastet die Rundungen, vergleicht das Gewicht und rollt sie vorsichtig hin und her bzw. wirft sie in die Luft und versucht, sie wieder aufzufangen. Das Ertasten erfolgt auch mit geschlossenen Augen.

— Das Kind sitzt den Eltern in einiger Entfernung gegenüber. Die Eltern rollen ihm verschiedene Bälle zu, die es anhalten soll. Ältere Kinder haben die Augen geschlossen. Sie erkennen alleine an den Ton des rollenden Balles, welche Art von Ball auf sie zugerollt kommt und reagieren dementsprechend. Zu Beginn rollt man ihnen deutlich ,,gegensätzliche'' Bälle zu, wie z. B. eine Holzkugel und einen Papierball, einen Spastikerball und einen Tennisball, eine Glaskugel und einen Tischtennisball usw. (Vgl. auch „Förderschwerpunkt: Bewußtmachen der Rollbewegung“, S. 63.)

— Eine Person sitzt auf dem Boden und wirft ihren Ball fort. Alle übrigen Spieler verfolgen den Ball mit den Augen. Sobald der Ball ruhig auf dem Boden liegt, wird er von einem Kind, das der Werfer bestimmt, geholt. Es können auch alle Kinder loslaufen und den Ball zurückholen. Wichtig ist jedoch, daß man erst läuft, wenn der Ball wirklich ruhig am Platz liegt.

— Die Kinder knien auf dem Boden und rollen den Ball fort. Sie springen aber sofort auf und versuchen den Ball aufzuhalten, bevor er gegen die gegenüberliegende Wand oder die gegenübersitzende Person stößt. Anschließend versuchen sie, den Ball so dosiert zu rollen oder auch zu werfen, daß sie ihn noch erreichen können, bevor er die Wand/Person berührt.

— Bälle von unterschiedlicher Beschaffenheit werden vom Kind alleine geprellt. Es kann es am Platz versuchen oder aber auch — nach einiger Übung — in der Fortbewegung, es kann sich dabei hinsetzen und wieder aufstehen. Es soll die Erfahrung mit verschiedenen Bällen, auch leicht springenden, wie einem Moosgummiball, machen. Das Zuprellen kann auch zwischen Eltern und Kind oder in einer Kleingruppe erfolgen.

— Besonders geschickte Kinder prellen den Ball nicht nur mit der Hand, sondern auch mit anderen Körperteilen, wie dem Ellenbogen, dem Fuß, dem Kopf usw.

— Man sucht sich auf dem Boden verschiedene Markierungen oder legt Reifen aus. Die Bälle werden in einen Reifen geprellt. Auch können die Kinder versuchen, den Ball im Wechsel neben den Reifen, dann wieder in den Reifen zu prellen. Werden verschiedengroße Flächen ausgewählt, muß das Kind das Prellen dosieren, d. h. einmal den Ball kräftig hinunterdrücken, dann aber wieder leicht auf den Ball schlagen.

— Die Bälle werden gegen die Wand geworfen. Das Kind versucht, sie wieder aufzufangen. Geübte Kinder bauen kleine Geschicklichkeitsspiele ein: sie klatschen vor dem Fangen in die Hände (einmal oder mehrmals), sie drehen sich im Kreis usw.

— Das Kind trifft auf eine bestimmte Markierung oder in einen Behälter. Es kann Dosen umwerfen, mit leichten Gegenständen auf Personen zielen oder Papierkugeln in einen Korb werfen. Bei der Spielform ,,Haltet den Korb voll'' haben die Kinder die Aufgabe, die vom Erwachsenen aus dem Korb/Karton geworfenen Bälle wieder einzusammeln. Sie haben dafür zu sorgen, daß der Karton nie leer ist, und bringen die Bälle immer wieder in den Behälter zurück. Bei dem Spiel ,,Kanonenball'' stehen sich zwei Gruppen hinter einer Linie gegenüber. Jedes Kind hat einen Ball und versucht, den großen, zwischen der Gruppe liegenden Ball zu treffen. Dieser soll zur Gegenmannschaft getrieben werden.

— In dem Raum werden kleine Schachteln oder Kegel aufgestellt. Sie sollen von dem Kind umgeworfen werden. Die Kinder können auch mit dem Fuß versuchen, diese Ziele zu treffen. Ebenso ist das Rollen des Balles entlang einer Bank (evtl. sogar schräge Ebene) eine starke Motivation.

— Die Kinder schießen auf verschieden große Tore. Dabei sollen sie abwechselnd den rechten und linken Fuß benutzen.

— Es wird schwierig sein, Bälle und Kugeln nicht mit der Hand, sondern mit Hilfe kleiner Stäbe zu prellen und zu rollen. Die Kinder können dazu Stöcke und Besenstiele nehmen und schieben verschieden große und schwere Bälle vor sich her. Eingebaute Hindernisse erschweren die Situation.

— Auch das allgemein bekannte „Murmelspiel" darf nicht vergessen werden. Kleine Glaskugeln müssen mit dem Zeigefinger in ein Bodenloch geschoben werden. Bei diesem Kinderspiel haben sich die Spieler auch untereinander zu verständigen und ihre Konflikte zu lösen.

— Luftballons, Papier- oder Tischtennisbälle oder leichte Gummibälle können mit verschiedenen Geräten in die Luft geschlagen oder auf den Boden geprellt werden. Als Schlagwerkzeuge sucht sich das Kind Tennisschläger, Tischtennisschläger, ein Tamburin, ein Brettchen, einen Stab, einen Schuh u. ä. aus.

— Schwierig ist das Einfangen von auf den Boden aufspringenden kleinen Bällen, z. B. eines Tischtennisballes mit einem Joghurtbecher. Als kleine Wettkampfform stehen sich zwei gleichgroße Gruppen gegenüber. Jeweils der erste versucht mit einem Becher einen Ball aufzufangen. Erst wenn dieser im Behälter ist, kommt der nächste an die Reihe. Welche Gruppe ist zuerst fertig?

— Als Freizeitangebot sind z. B. Kricket und das Mini-Golf-Spiel bekannt. Eltern sollten ihre Kinder auch in diese Anlagen begleiten und gemeinsam mit ihnen spielen. Bei allen großen Spielen wie Fußball, Handball, Basket- und Volleyball wird die Auge-Hand-Koordination bzw. Auge-Fuß-Koordination geübt, sie sind aber eine Weiterentwicklung o. g. Übungsformen.

23 Körpergeschick
Altersgruppe ab: 5 Jahre

Medien: *Kleine und große Luftballons*

Förderschwerpunkt: *Gesamtkörperkoordination*
Bewegungsvorwegnahme
Auge-Fuß-Koordination
Konzentration

Der Luftballon hat den Vorteil, daß er langsam schwebt und das Kind Zeit hat, sich auf ihn einzustellen. Er eignet sich gerade für das jüngere Kind, das den Flug mit den Augen verfolgen kann. Wird der Ballon z. B. kräftig geschlagen, wird er einmal schneller fliegen, zum anderen durchquert er einen größeren Raum. Diese grundlegenden Kenntnisse gewinnt das Kind unbewußt durch den Umgang mit dem Luftballon, wobei die Abläufe ihm auch bewußtgemacht werden sollen. Das Kind lernt, sich auf den Flug des Ballons einzustellen, seine Bewegungen diesem Zeitmaß anzupassen, die Kraft zu dosieren und auch den Raumweg einzuschätzen. Einen Ballon noch rechtzeitig zu erreichen, bevor er den Boden berührt, verlangt von dem Kind eine Bewegungsvorausnahme, welche erst ein Schulkind leisten kann.
Der Ballon spricht die Kinder schon durch seine Farbigkeit und das gummiartige, weiche Material an, das sie berühren und in das sie hineinkneifen können. Werden transparente Ballons ausgesucht, betrachtet das Kind lange das Innere und hat auch Spaß, ein Gesicht auf der anderen Seite des Ballons in seiner Verzerrung anzusehen. Der Ballon ist ein Gerät, welches in allen Altersstufen Verwendung finden kann. Eigentlich brauchen Eltern und Übungsleiter gar keine Übungsanregung zu geben, das Kind spielt von alleine kreativ mit diesem Gerät.

Lernsituation: *Luftballon an und mit dem Körper bewegen.*

Die Industrie bietet Luftballons in unterschiedlichen Größen an. Je jünger das Kind ist, desto größer soll der Ballon sein. Es gilt aber zu bedenken, daß für ein Kleinkind auch schon ein Luftballon von 30 cm Durchmesser ein Riesenballon ist. Gibt man einem Kind den Ballon in die Hand, wird es von alleine viele Ideen entwickeln. Die Eltern beobachten ihr Kind bei diesem kreativen Spiel und geben erst danach neue Anregungen. Der Raum sollte nicht zu eng oder zu niedrig sein. Spielt das Kind im Freien, darf es nicht zu windig sein. Der Luftballon kann später auch mit Zusatzgeräten geschlagen werden. Eine musikalische Untermalung hilft, die Bewegungen behutsam zu steuern.

Übungsvorschläge:

— Die aufgeblasenen Ballons befinden sich in einem Karton oder liegen unter einer Decke. Das Kind ertastet sie. Vielleicht erkennt es schon, daß sich in der Verhüllung ein Luftballon befindet und kann äußern, ob ihm dieser Gegenstand gefällt.

— Das Kind nimmt sich einen Ballon, bzw. bei einer Gruppe von Kindern sucht sich jedes Kind einen Ballon heraus und probiert Bewegungsmöglichkeiten mit ihm aus. Anschließend läßt man sich die verschiedenen Ideen zeigen und versucht sie nachzumachen.

— Das Kind liegt auf dem Boden. Die Eltern rollen den Ballon über seinen Körper. Das gleiche probiert das Kind selbst im Sitzen und im Stehen. Der Ballon kann um die

Hände gerollt werden, den Arm hinauf, um die Schultern und den Arm wieder hinunter. Das Kind kann ihn um seinen Bauch herumrollen, die Beine hinunter und wieder den Körper herauf. Den Ballon auch um den Kopf kreisen zu lassen und durch ihn hindurchzusehen, wird den Kindern viel Spaß machen.
(Vgl. auch „Förderschwerpunkt: Berührungsempfindung“, S. 47.)

— Der Erwachsene und das Kind sitzen sich gegenüber und halten den Ballon mit beiden Händen fest. Man schaut sich gegenseitig durch den Ballon an, schneidet Grimmassen und klemmt ihn mit dem Gesicht fest.

— Jedes Kind hat einen Ballon auf dem Schoß. Es streicht vorsichtig über die Hülle, reibt ihn, zupft daran, drückt vorsichtig gegen die Wandung. Eltern und Kind bzw. eine Gruppe von Kindern versuchen, mit dem Ballon ein Konzert zu veranstalten.

— Die Kinder sitzen oder liegen auf dem Bauch im Kreis. Sie schlagen sich den Ballon mit den Händen oder stoßen ihn sich mit den Füßen zu, ohne daß er aus dem Kreis fliegt.

— Die Kinder liegen auf dem Bauch im Kreis und blasen sich einen Ballon gegenseitig zu. Er soll im Kreis bleiben. Es können immer mehr Ballons in den Kreis hineingeworfen werden, die von den Kindern fortgeblasen werden müssen. Diese Übung kann auch partnerweise ausgeführt werden.

— Die Kinder sitzen im Kreis und geben einen Ballon ihrem rechten oder linken Nachbarn weiter. Dieser gibt ihn dem nächsten Kind, usw. Ein zweiter Ballon kommt hinzu, der den ersten einholen soll. Je nach Guppenstärke können noch weitere Ballons hinzugenommen werden. Geschickte Kinder geben sich den Luftballon mit den Füßen weiter. Auch können die Ballons mit Händen und Füßen weitergereicht werden. Es wird interessant, wenn einmal ein Ballon nach rechts, der nächste wieder nach links mit Händen oder/und Füßen weitergereicht wird.

— Der Luftballon wird mit allen Körperteilen, Händen, Armen, Schultern, Beinen Füßen, dem Kopf und Nacken geschlagen. Nach Möglichkeit soll der Ballon den Boden nicht berühren. Die Kinder probieren dieses Schlagen erst mal mit nur einem Körperteil aus, während sie später immer wechseln. Dabei können sie eine gleichmäßige Folge einhalten, z. B. Schlagen mit Hand, Kopf, Knie.

— Während der Ballon in der Luft gehalten wird, wechseln die Kinder ihre Position. Sie schlagen im Stand, kniend, sitzend und liegend und stehen wieder langsam auf.

— Der Ballon wird mit verschiedenen Geräten geschlagen oder getragen. Das Kind wedelt ihn mit einem Tuch über den Boden, schiebt ihn mit einem Besen durch den Raum, transportiert ihn auf einem Tablett oder schlägt ihn mit einem Stab. Je mehr Kinder an diesem Spiel teilnehmen, um so interessanter wird es. Das Wedeln von vielen Ballons im Raum wird große Freude auslösen.

— Der Erwachsene stellt in den Raum einen Ventilator (Föhn oder Staubsauger) und läßt die Luftballons hochwirbeln. Die Kinder beobachten dieses Spiel, fangen Ballons ein oder schlagen sie zusätzlich in der Luft herum. Die Kinder können auch versuchen, auf die Ballons zu treten bzw. sie mit den Füßen in die Luft zu befördern.

— Zu Paaren oder in der Kleingruppe werfen oder schlagen sich die Kinder den Luftballon zu. Das kann auch mit verschiedenen Körperteilen geschehen. Der Ballon soll den Boden nicht berühren.

— Um ein behutsames und harmonisches Schlagen zu erreichen, kann ein Rhythmus oder beruhigende Musik gespielt werden, wonach die Kinder den Ballon schlagen.

— In den Raum werden kleine Hindernisse gestellt, die die Kinder während des Tragens oder Schlagens des Ballons umgehen oder übersteigen. Auch eine kleine Gruppe kann sich den Ballon zuschlagen und wandert durch den Raum.

— Ältere Kinder spielen sich einen Riesenballon zu. Als Mannschaftsspiel kann er über eine Schnur geschlagen werden. Wenn sich zwei Gruppen gebildet haben, ist die Gruppe Sieger, die ihren Ballon am längsten in der Luft gehalten hat. Ebenso können zwei Mannschaften in Wettkampfform einen einzigen Ballon in einen Behälter schlagen, d. h., die Kinder stehen als Traube zusammen, bewegen sich aber, während der Ballon ständig in der Luft gehalten wird, in Richtung Behälter. Das gelingt, indem das letzte Kind immer schnell nach vorne läuft und dafür sorgt, daß der Ballon in der Luft weiter Richtung Behälter getrieben wird.

— Jedes Kind bindet sich einen Ballon an seinen Knöchel, er soll noch auf dem Boden schleifen. Es versucht, bei seinen Mitspielern die Ballons zu zertreten, seinen Ballon aber zu schützen. Sobald der eigene Ballon geplatzt ist, scheidet das Kind aus.

— Gasgefüllte Ballons eignen sich zum Theaterspielen. Die Kinder malen auf diese Gesichter und halten sie an einer Schnur hinter einem Vorhang. Auch können Tücher um die in der Luft stehenden Ballons gehängt werden, so daß diese wie kleine Gespenster aussehen. Die Kinder ziehen an den Schnüren ihres Ballon, der hin und her tanzt und erfinden ein kleines Stück.

— Interessant ist auch, wenn jedes Kind sein eigenes Gesicht auf den Ballon malen soll. Anschließend schlägt man die Ballons in die Luft, stoppt plötzlich ab und fängt sich einen Ballon. Man versucht, die auf den Luftballon aufgezeichnete Person in der Gruppe wiederzufinden.

24 Körperwahrnehmung und Körpergeschick
Altersgruppe ab: 5 Jahre

Medien: *begleitende Musik*
hautfreundliche Farbe

Förderschwerpunkt: *Ausdrucksschulung und Kommunikation*

Erst wenn die Kinder ein Gespür für ihren eigenen Körper bekommen haben, wenn sie seine Funktionen kennen und diese bewußt einsetzen, können sie sich auf einen Partner und eine Gruppe konzentrieren. Sie brauchen sich nicht mehr so sehr mit ihrem eigenen Körper beschäftigen und haben ein Auge für die Bedürfnisse des Mitmenschen. Das Kind muß vorher Erfahrungen mit dem Körperausdruck gemacht haben. Es muß Gefühle kennen und Handlungen erspüren. Genaue Beobachtung, Sensibilität, Hilfsbereitschaft und Verständnis für die Ideen und Gedanken des Partners sind Voraussetzung für ein Zusammenleben in der Gruppe. Solche Fähigkeiten werden auch schon im Kleinkindalter immer wieder angesprochen, können aber erst im Schulkindalter gezielt geübt werden. Das Rollenspiel bietet fast unbegrenzte Projektionsflächen. In der freien Gestaltungsform kann deutlich werden, was ein Kind beschäftigt, was es denkt, fühlt und sich vorstellt. Es kann handeln über Sprache, den Körperausdruck, d. h. pantomimisch seine inneren Wünsche durch Handlung ausdrücken und mit Mitmenschen in Kontakt treten. Dem Kind müssen für solche kreativen und spontanen Äußerungen Freiräume geschaffen werden. Eltern und Erzieher haben durch das Rollenspiel und die Ausdrucksäußerungen der Kinder auch die Möglichkeit, Kindern in ihrem Verhalten zu beobachten und auf eventuelle Ängste und Bedürfnisse einzuwirken.

Lernsituation:
Rollenspiel und Pantomime.

Kindergartenkinder haben bereits im Kleinkindalter Erfahrungen mit Tierdarstellungen und kleinen Theaterstücken. In der Regel verständigen sie sich über Sprache in diesem kreativen Spiel. Man beginnt deshalb mit verbalen Spielformen und leitet erst langsam zu dem nichtverbalen Spiel, d. h. pantomimischen Darstellungen, über. Solche Ausdrucksäußerungen dürfen nicht in Albereien ausarten. Der Erzieher wird daran erkennen, daß die Kinder dann noch wenig Bezug zu ihrem Körper und Probleme mit sich bzw. der Umwelt haben.
Für die Kinder ist es von Bedeutung, mit Gleichaltrigen über das Rollenspiel und pantomimische Formen in Kontakt zu treten, d. h. diese Spiele können sinnvoller in kleinen Gruppen durchgeführt werden. Sollten die Kinder noch ge-

hemmt sein, können Masken oder das Bemalen des Gesichtes bzw. Körpers mit Farbe das Kind in eine andere Rolle schlüpfen lassen, in der es sich frei bewegen kann.

Übungsvorschläge:

— Es wird eine Geschichte, ein Lied oder Gedicht vorgelesen bzw. gesungen. Die Kinder führen zu der Handlung kleine Bewegungen aus, die erst einmal sitzend, aber auch, wenn die Kinder es spontan möchten, frei im Raum ausgeführt werden können.

— Die Kinder ahmen Tiere nach, die der Erzieher bzw. die Kinder ansagen oder auf einem Bild zeigen. Die typische Bewegungsart sollte deutlich herausgearbeitet, evtl. auch vom Erzieher vorgemacht werden. Auch kann ein Kind ein Tier spielen, welches von der Gruppe erraten werden soll. Werden auch noch die Lautäußerungen der Tiere einbezogen, können die Kinder dieses Tier leicht erraten. Schwieriger wird es bei der nonverbalen Vorführung.

— Die Kinder sitzen im Kreis, während ein Kind einem Mitspieler durch Mimik und Gestik, später nur durch Zublinzeln, zu verstehen gibt, daß der so ausgewählte Partner zu ihm kommt bzw. ihm folgen soll. Auch hier soll die Sprache nicht mehr eingesetzt werden.

— Die Kinder bewegen sich nach einer Musik im Raum. Einzelne lenken durch besondere Bewegungen die Aufmerksamkeit auf sich und sollen erreichen, daß möglichst viele Mitspieler diese Bewegungen nachmachen.

— Jeweils zwei Kinder in der Gruppe — sie dürfen nicht dicht nebeneinander stehen — führen die gleichen Bewegungen aus. Sie können z. B. hämmern, auf- und abwippen, mit dem Fuß stampfen usw. Ein oder mehrere Kinder, die diese Gruppe betrachten, stellen die Kinder nebeneinander, die die gleichen Bewegungen ausführen. Die genaue Beobachtungsgabe der Kinder ist dann gefordert, wenn die Bewegungsspiele sich nur auf ein Körperteil konzentrieren, z. B. mit den Händen das Öffnen eines Glases gezeigt wird, das Drücken auf einen Klingelknopf, das Einschenken von Saft in ein Glas usw.

— Ein Kind zeigt eine Bewegung vor, z. B. das Werfen eines Balles, welche von einem Mitspieler nachgeahmt wird. Nach einer Weile wählt dieser eine andere Bewegungsform aus, z. B. das Hochwerfen eines Balles und Fangen. Diese Bewegung muß von einem nächsten Mitspieler übernommen werden, der nach einer Weile sich eine neue Form heraussucht usw.

— Ein Paar übt real eine bestimmte Bewegung mit einem Gerät, z. B. Tauziehen, Luftballon zublasen, paarweise Schlittschuh fahren, Tischtennis spielen usw. Die ganze Gruppe sieht sich den Bewegungsablauf genau an, achtet auf die Körperstellung, die Stellung von Armen und Beinen, den Gesichtsausdruck, den Kontakt zu dem Gerät und die Fortbewegungen im Raum. Danach sollen sie diese Darstellung ohne Gerät paarweise nachspielen. Eine bildliche Darstellung vor dieser Szene kann helfen, den Bewegungsablauf bewußt zu machen.

  Anschließend können die Paare eine bestimmte Szene pantomimisch darstellen , die von den Mitspielern erraten werden soll. Hierzu eignen sich auch kleine Szenen aus dem täglichen Leben, bei denen mehrere Spieler einbezogen sind, z. B. das häusliche Mittagessen, ein Gezanke der Geschwister untereinander um ein Spielzeug, Auspacken von Geschenken, das Wickeln vom Baby und die Ausfahrt im Kinderwagen, das gemeinsame Mensch-Ärger-dich-nicht-Spiel usw. (Vgl. auch „Förderschwerpunkt: Ausdrucksschulung Zirkusnummer“, S. 91; „Gesichtswahrnehmung“, S. 30.)

— Darstellungen von Gefühlsäußerungen sind meist recht schwierig, da Mimik und Gestik genau nachgeahmt werden müssen. Den Ausdruck von Freude und Kummer, von Schmerz, Kälte oder von Angst, Haß und Neid erkennen zu können, verlangt eine genaue Beobachtungsgabe. Das Kind hat auf feinste Gesichtsregungen, Haltungen und Muskeltätigkeit, wie z. B. zu Fäusten geballte Hände, hängende Schultern, leicht hochgezogene Mundwinkel u. ä., zu achten. Die Beobachtungen sind besonders wichtig, um auch im täglichen Leben die Reaktionen der Mitmenschen zu verstehen und sich rechtzeitig auf ein sich änderndes Verhalten einzustellen. Die Kinder versuchen, solche Gefühlsregungen möglichst genau darzustellen.

— Ältere Kinder können auch eine Person über zwei Spieler darstellen, d. h., ein Kind übernimmt die Funktion des Redners, während die zweite allein die Gestik des Redners ausdrückt. Diese Aufgabe ist deshalb besonders schwierig, weil sich das gestikulierende Kind mit dem Redner identifizieren muß. Es muß bereits genau beobachtet haben, welche Gestik zu einer sprachlichen Äußerung paßt. Dabei kniet das Kind, das die Gestik auszuführen hat, hinter dem Redner und hält seine Arme in der Höhe des Redners. Der Redner umschlingt mit seinen Armen den hinter ihm hockenden Mitspieler. Beide Personen wirken für den Betrachter als Einheit.

— Die ganze Gruppe geht nach Musik oder entsprechender rhythmischer Untermalung im Raum umher. Die Kinder stellen sich vor, sich auf einem großen Marktplatz zu befinden, auf dem sie Bekannte treffen, gemeinsam reden, sich verabschieden, Personen sehen, mit denen sie nichts zu tun haben wollen, die Schaufenster ansehen usw. Bei dieser Spielhandlung kann auch das Tempo wechseln; einmal können die Kinder schlendern, da sie viel Zeit haben, das andere Mal müssen sie rasen, weil sie z. B. den Bus noch erreichen wollen.

— Es können Szenen der Kontaktaufnahme herausgesucht werden: Man „redet" mit einem Freund ohne Worte, und es entsteht ein intensives pantomimisches Wechselspiel. Oder ein Partner äußert sich über Dinge, die die Zuhörer nicht interessieren. Oder zwei Personen unterhalten sich, während ein Dritter dieses Gespräch unterbrechen möchte, da er etwas Wichtiges auf dem Herzen hat. Die Kinder sollen dabei beobachten lernen, in welcher Beziehung Personen zueinander stehen können. Eltern können bei ihrem Kind ein Gespür für die Beziehung entwickeln, indem z. B. bei einem Fernsehapparat der Ton ausgestellt wird und man allein durch das Betrachten von Mimik und Gestik mutmaßt, über welche Inhalte sich die Personen auf dem Bildschirm wohl unterhalten könnten.

Auch wenn sich die redenden Personen eine ausdruckslose Maske vor das Gesicht halten, kann der Körperausdruck bei diesem Gespräch genau beobachtet werden. Allein schon die Bewegung der Arme und Beine sowie des Rumpfes können Aufschluß über die Gefühlsverfassung eines Menschen geben. Wenn ein Kind eine Person also von hinten betrachtet, kann es versuchen, seine Stimmung einzuschätzen.

— Über das Fernsehen kennen die Kinder Bewegungsformen, die noch einmal in der Zeitlupe gezeigt werden. Ebenso werden sie über Filme oder Videobänder das Zeitraffersystem schon gesehen haben. Auch solche Bildszenen können von ihnen gespielt werden, bei denen z. B. der Spaziergang mit dem Hund im normalen Tempo, danach als Zeitraffer, aber auch in der Zeitlupe wiedergegeben werden.

— Die Kinder verstecken sich unter großen Tüchern, so daß deren Haltung nur noch schemenhaft erkennbar ist. Ein Partner soll erraten, welches Tier bzw. welchen Gegenstand sie unter dem Tuch darstellen. Eventuell können sie die Personen unter dem Tuch ertasten, um so die Körperlage und die Stellung zu erkennen. Über solche Tücher lassen sich auch Szenen wie „Ein Krake auf Wanderschaft" oder „Ein Tausendfüßler" pantomimisch darstellen. Für ältere Kinder eignen sich abstraktere Themen, wie z. B. „Erwachende Steine". Wenn mit der entsprechenden Musik diese Darstellung untermalt wird, werden Spieler und Zuschauer besonders fasziniert sein.

25 Körpergeschick
Altersgruppe ab: 5 Jahre

Medien: *Kleingeräte*
Klanginstrumente

Förderschwerpunkt: *Konzentration und Behutsamkeit*

Schon das Kleinkind übt sich in einem lang ausdauernden Spiel mit verschiedenen Materialien oder beschäftigt sich über einen längeren Zeitraum mit einzelnen Körperteilen. Spielzeug wird auf seine Beschaffenheit genau untersucht. Es wird auseinandergenommen und wieder zusammengesetzt. Steine, Erbsen oder Wasser füllt das Kind erfahrungsgemäß mit einer großen Ausdauer und Konzentration von Behälter zu Behälter, Bausteine werden behutsam zu Türmen aufgeschichtet oder auch bewegliche Geräte, wie Mobile, lange und intensiv betrachtet. Grobmotorische, körperliche Aktivitäten werden im Kleinkindalter noch spontan und sehr lebhaft ausgeführt. Erst nach Eintritt in das Schulalter können solche ganzkörperlichen Bewegungsübungen auch umsichtig, langsam und mit großer Konzentration gesteuert werden. Viele feinmotorischen Übungsaufgaben sind zur Behutsamkeits- und Konzentrationsschulung bekannt (vgl. Sinnhuber, Band 4). Die folgenden Übungsaufgaben werden deshalb die Steuerung grobmotorischer Abläufe betreffen. Auch wenn die Übungen erst für Kinder ab 6. J. aufgeschrieben wurden, können jüngere Kinder diese hin und wieder ausprobieren.

Lernsituation: *Balancieren, Tragen und Führen von Kleinmaterialien.*

Der Übungsraum darf nicht zu klein und nur mit wenigen Möbeln oder Geräten bestückt sein. Es eignet sich aber auch das freie Gelände. Die Kinder sollen wenig gestört werden, um sich auf ihr Spiel konzentrieren zu können. Es ist darauf zu achten, daß sie keine beengende Kleidung und schweres Schuhwerk tragen. Bei vielen Gelegenheiten werden sie auch barfuß üben können.

Übungsvorschläge

— Die Kinder laufen nach einem vorgegebenen Rhythmus (Trommel, Stäbe usw.) im Raum. Das Zeitmaß darf nicht zu schnell sein, sollte aber wechseln, d. h. die Kinder schleichen, gehen auf Zehenspitzen, laufen mit riesengroßen Schritten im Zeitlupentempo durch den Raum. Sie können auch die Richtung wechseln, berühren sich dabei aber nicht. Ändert sich z. B. das Zeitmaß oder nimmt bei jüngeren Kindern der Erwachsene (auch ein Kind) ein anderes Instrument, dann wechseln die Kinder die Richtung. Sie gehen z. B. auf Zehenspitzen nach links, wenn die Trommel ertönt, gehen nach vorne, wenn der Triangel gewählt wird, und nach hinten, wenn die Klangstäbe geschlagen werden usw. Sie können aber auch die Gangart wechseln, wenn ein anderes Instrument genommen wird. Wichtig ist das langsame und akzentuierte Schlagen der Instrumente.

— Die Kinder bewegen sich durch den Raum und tragen dabei ein Tuch oder Sandsäckchen auf dem Kopf, das nicht auf den Boden fallen darf. Ein Rhythmusinstrument kann das Gehen begleitend unterstützen.

— In den ausgestreckten Händen halten die Kinder einen Ball oder transportieren eine kleine Kugel auf einem Löffel, Perlen auf einem Tablett, eine Kerze auf einem Holzbrettchen usw. Sie gehen mit diesem Gegenstand im Raum herum. Sie können auch versuchen, sich hinzusetzen und wieder aufzustehen, rückwärts oder seitwärts zu gehen oder einmal die Augen geschlossen zu halten, während sie diese Gegenstände transportieren.

— Die Kinder balancieren Kleingeräte über eine Hindernisbahn. Es werden z. B. Stühle aufgestellt, über die gestiegen oder unter ihnen hindurch gekrochen werden muß, während die Bälle in der ausgestreckten Hand oder Kugeln auf dem Löffel bzw. ein Tuch oder Sandsäckchen auf dem Kopf getragen werden. Es ist für die Kinder auch interessant, diese Geräte über einen unterschiedlichen Untergrund zu tragen. Man kann dabei über eine Matte gehen, über Steine, über Holzbalken, über eine Wippe oder auch durch Wasser, ja sogar über eine rutschige Plane. Man darf diese Geräte nicht fallen lassen.

— Ältere Kinder können auch schwierigere Materialien, während sie die Treppe hinauf- oder hinabsteigen, transportieren. Sie versuchen z. B., einen Tischtennisball auf einem Schläger zu halten, einen Papierball auf einer Flasche, einen Luftballon auf der Nase, einen Löffel mit einer Flüssigkeit usw.

— Das Balancieren von Gegenständen im aufrechten Gang fällt den Kindern nicht allzu schwer. Wenn die Körperlage verändert wird, sie also auf allen vieren kriechen oder rücklings im „Krebsgang" über den Boden laufen, wird der Bewegungsablauf schwieriger; die Bewegung weicht vom alltäglichen Ablauf ab, und für das Kind unbekannte bzw. ungewohnte koordinative Fähigkeiten werden geschult. Während die Kinder auf dem Boden kriechen oder im Krebsgang gehen, tragen sie Tücher, Sandsäckchen oder Brettchen auf ihrem Rücken bzw. Bauch. Sie können diese Gegenstände auch zwischen Kinn und Brust, die Oberschenkel oder Arme klemmen und bewegen sich fort.

— Zwei Kinder oder die Eltern bewegen sich mit ihrem Kind im Raum und tragen dabei verschiedene Gegenstände auf einem ausgespannten, kleinen Tuch. Ein großer Ball, eine Holzkugel, ein Luftballon, Glaskugeln, Tannenzapfen oder Steine werden über eine Strecke transportiert, in der evtl. auch Hindernisse eingebaut sind. Ebenso können die Paare zwei Stäbe festhalten und auf dieser „Schiene" Geräte tragen.

— Die Paare haben einen dicken Luftballon zwischen ihren Körpern eingeklemmt. Vorsichtig bewegen sie sich mit diesem hin und her. Auch hierzu kann Musik gespielt werden.

— Mit Tüchern, Zeitungen, Kästchen oder Keulen legt man eine Slalomstrecke aus. Das Kind rollt einen Ball, dann eine Holzkugel mit den Händen um diese Geräte herum. Es

soll diese nicht berühren. Es kann den Ball bzw. die Kugel mit dem Kopf auf allen vieren kriechend voranschieben und so diese Slalomstrecke geschickt durchqueren. Schwieriger wird es, wenn die Kinder einen Ball mit einem Stab auf dem Boden rollen. Zu Beginn können sie zwei Stäbe zur Lenkung verwenden.

— Auf ein Rollbrett werden Geräte aufgeschichtet, z. B. ein Berg von Schaumstofftieren, Holzbausteinen, Kissen, aber auch Kugeln und Bälle sowie Luftballons. Die Kinder schieben das Brett so über eine Strecke — auch Slalom — daß die Geräte weder umnoch herunterfallen. Als Geräte eignen sich auch kleine Holzwagen, Eisenbahnen, Holzautos usw.

— Zwei Kinder oder Erwachsene und Kind sitzen sich in ca. 1 m Abstand gegenüber. Der Zwischenraum wird durch Linien begrenzt (je älter die Kinder sind, desto schmaler ist die Abgrenzung). Man rollt sich einen Ball zu, der die Begrenzung nicht berühren darf. Dieses Zurollen kann auch in Bauchlage erfolgen, ebenso wechselt man die Ballgröße und sucht auch weitere rollende Gegenstände aus, die immer schwieriger zu kontrollieren sind, wie schließlich eine Metallkugel, eine kleine Glaskugel oder einen Luftballon. (Vgl. auch „Förderschwerpunkt: Bewußtmachen der Rollbewegung", S. 63.)

— Gegenstände können auch über diese Strecke geblasen werden, z. B. ein Wattebausch, eine Papierkugel oder ein Tischtennisball. Man kriecht über den Boden und treibt den Wattebausch o. ä. vor sich her. Viel Spaß macht ein solches Spiel an einem Tisch, wo sich die Gegner gegenübersitzen und den Gegenstand ins gegenüberliegende Tor blasen. Die Konzentration ist um so stärker gefordert, je enger die Torpfosten zusammenstehen.

— Die Kinder sitzen zu Paaren gegenüber. Man reicht sich mit den Füßen einen Luftballon zu. Zwischen diesen Personen kann auch ein Behälter stehen, in den mit den Füßen Bälle, Tücher, Ballons hineingelegt werden.

— Ein Zielen und Werfen auf und in Gegenstände übt ebenfalls die Konzentration. Sandsäckchen, Bälle, Steine, Tannenzapfen usw. können in Behälter, auf bestimmte Markierungen oder über Begrenzungen geworfen werden. Für die Kinder ist der Steinwurf in das Wasser wohl am interessantesten. Wenn die Konzentration geübt werden soll, muß immer ein Ziel angegeben werden, welches zu treffen ist. Auch ein Werfen auf

Dosen motiviert die Kinder stark. In veränderter Form findet man auf Jahrmärkten auch das Zielen auf Gesichter bzw. in einen offenen Mund einer Person. Noch lustiger wird es sein, die Konzentrationsfähigkeit nicht über einen Wurfgegenstand zu üben, sondern bestimmte Personen oder Gegenstände mit Wasserpistolen oder Wasserflaschen zu bepritzen bzw. mit Badeschaum zu besprühen. (Vgl. auch „Förderschwerpunkt: Koordinierte Bewegungen im Raum . . . Zielen und Treffen“, S. 102.)

— Das Ertasten von Gegenständen und Formen auf dem Boden mit Händen und Füßen erfordert ebenso die Konzentration der Kinder. Es können mit einem Tau oder mit Bleischnüren auf dem Boden Raumformen ausgelegt werden, z. B. ein Viereck, ein Kreis, ein Herz, ein bestimmter Buchstabe, die mit geschlossenen Augen erkannt werden müssen.

— Kriecht das Kind durch schmale Geräte hindurch, muß es sich umsichtig und langsam fortbewegen. Das Krabbeln durch Röhren, Tonnen, unter Stühlen und Tischen hindurch, durch Schaumstofftore oder auch eine Reifenkugel schulen die Konzentration und Behutsamkeit.

— Alle Übungsformen, bei denen die Augen geschlossen werden und man sich allein auf sein Gehör verlassen muß, sprechen die Konzentration der Kinder an. Bei dem Spiel ,,Schatzklau'' hockt ein Kind in der Mitte eines Kreises. Um es herum liegen mehrere Gegenstände (z. B. Glöckchen), die von den von außen heranschleichenden Kindern ,,geklaut'' werden sollen. Das in der Mitte sitzende Kind kann einen ,,Dieb'' abschlagen, der seinen Schatz wieder abgeben muß oder auch in die Mitte kommt. (Vgl. auch „Förderschwerpunkt: Akustische Schulung“, S. 54.)

— Bei dem Spiel ,,Schlange im Käfig'' befinden sich die Kinder in einem Kreis von ca. 2 m Durchmesser oder in mehreren Kreisen, die sie nicht verlassen dürfen. Ein Kind hat die Augen verbunden. Es geht auf ein Kind im Kreis zu und versucht es zu berühren. Die ,,Schlange im Käfig'' weicht dem Fänger aus, kann sich ducken, auf den Boden legen oder sich auch aus dem Kreis hinausbeugen, jedoch müssen die Füße immer noch den Boden des Kreises berühren. Interessant wird das Spiel, wenn erst nach dem Zubinden der Augen die ,,Käfige'' versetzt werden, der Fänger also erst herausfinden muß, wo ein ,,Käfig'' steht.

26 Körpergeschick

Altersgruppe ab: 5 Jahre

Medien: *Springseile (verschiedene Längen)*
„Zauberschnur"
Gummibänder für Gummi-Twist
Reifen 60—80 cm∅
Hula-Hoop-Reifen
Ball

Förderschwerpunkt: *Gesamtkörperkoordination*

Der Umgang mit dem Gerät Seil erfordert ein hohes Maß an Koordinationsfähigkeit, welches nur von einem älteren Kind geleistet werden kann. Wenn es ausreichend das Hüpfen und Springen geübt hat, kann auch *mit* einem Gerät und in sich ständig bewegenden Hindernissen gesprungen werden. Während des Hüpfens und Federns muß das Kind das auf- und abschwingende Seil oder den sich drehenden Reifen ständig im Auge behalten. Es lernt, sich rechtzeitig auf das bewegliche Hindernis einzustellen. Neben der rhythmischen Bewegungsfähigkeit werden auch die Zeitanpassung und Bewegungsvorwegnahme geübt. Rechtzeitig abzuspringen, um sich nicht in dem Reifen oder Seil zu verfangen, hat eine große Faszination auf die Kinder. Der Reiz, nicht abgeschlagen zu werden, etwas nicht zu berühren, gerade noch davongekommen zu sein, wird auch in den „Haschespielen" verlangt. Vielfach gibt sich das Kind im Alleinspiel selbst die Regel, „Ich möchte beim Springen nicht auf diese Linie treten" oder „Ich möchte genau auf diesen Stein treten". Vorübungen mit dem Sinngehalt, eine Linie nicht berühren zu dürfen, welcher im sogenannten „Hüpfkästchen" oder „Hickelkästchen" zu finden ist, tauchen jetzt wieder bei den Spielformen mit dem Seil oder Reifen auf. Vor allen Dingen das überlieferte „Gummihupf" mit den von den Kindern selbstbenannten Regeln, wie „Schneewittchen", „Schreibmaschine", „Hau-hau-ruck-ruck" u. v. m., bzw. das Springen in dem langen Seil nach dem Lied „Teddybär, dreh' dich um" sind beliebte Kinderspiele, die kaum der Anleitung durch Erwachsene bedürfen. Die Kinder erreichen einen hohen Grad an Perfektion und geben sich selbst ein sehr komplexes Regelwerk.

Es ist zu beobachten, daß Seil-, Reifen- bzw. Gummihüpfspringen vorwiegend von den Mädchen gewählt werden, während die Jungen sich in diesem Alter von 5 Jahren aufwärts lieber einen Fußball aussuchen. Das hat zur Folge, daß mit Eintritt in die Schule die Jungen ihre großen Probleme mit dem Seil-Springen haben (die Mädchen allerdings auch mit dem Ball-Treten).

Das Hüpfen und Federn beansprucht die Kinder zudem sehr stark organisch. Ihr Herz-Kreislaufsystem wird angeregt, sie entwickeln eine größere Ausdauerfähigkeit und einen Zuwachs an Sprungkraft.

Lernsituation: *Laufen und Springen mit und in dem Seil oder Reifen.*

Es ist günstig, wenn die Kinder erst einmal allein ohne Anleitung das Springen mit einem Seil oder auch in einem Reifen ausprobieren. Dazu eignen sich besonders die weichen Baumwollseile. Als Richtmaß für die Seillänge gilt die eineinhalbfache Körpergröße des Kindes. Auch ein Seil mit Holzgriffen, bei denen die Länge des Seils je nach Körpergröße verstellt werden kann, eignet sich besonders gut für den ungeübten Anfänger. Zu Beginn werden die Kinder das Springen auf der Stelle ausprobieren. Dabei können sie mit geschlossenen Füßen im sogenannten Schlußsprung oder aus dem Laufschritt üben. Ein Drehen des Seiles in Vorwärts- und Rückwärtsrichtung macht das Springen interessanter. Auch können zwei Personen ein großes Seil schlagen, während ein Kind in der Mitte des Seiles steht und rechtzeitig in die Höhe springen muß. Mit der Zeit werden die Kinder sicherer und lernen, aus dem Lauf zu springen, bzw. versuchen, auch in ein geschwungenes Seil hineinzulaufen und dann weiterzuspringen. Als Übungs-Vorform eignet sich der Lauf durch ein bzw. mehrere hintereinander geschwungene Seile besonders gut. Mit großer Spannung bemühen sich die Kinder, das Seil nicht zu berühren, wenn z. B. erklärt wird, daß das Seil „verzaubert" ist, und man versuchen muß, aus der „Zauberhöhle" wieder ins Freie zu gelangen. Hierbei üben die Kinder die Bewegungsvorwegnahme und lernen, rechtzeitig loszulaufen und schnell zu reagieren.

Bei der Auswahl des passenden Raumes/Geländes ist darauf zu achten, daß der Boden nicht uneben ist. Die Kinder sind so sehr damit beschäftigt, nicht im Seil oder auch in einem Reifen, den sie ständig drehen, hängenzubleiben, daß eine wellige, unebene Absprungfläche wie Rasen, Pflastersteine oder gar Sand hier noch mehr Schwierigkeiten bereiten würden. Der Sprung im Seil ist wesentlich komplizierter, da die Kinder neben dem Federn das gute Schwingen der Schnur beherrschen müssen. Das bedeutet, daß diese koordinative Fertigkeit zwar von Älteren nach einiger Übung gut ausgeführt werden kann, den kleiner gebauten Kindern aber leichter fallen wird.

Eltern und Erziehern ist zu empfehlen, sich auch einmal auf den Spielplätzen und vor allen Dingen auf der Straße, evtl. sogar direkt vor ihrer Wohnung, umzuschauen. Hier werden sie vielfach Gruppen von Kindern finden, die gerade „Gummihupf" oder „Himmel und Hölle" spielen. Es ist anzuraten, daß die Spielregeln einmal verfolgt und aufnotiert werden. Es wäre aber auch recht lustig, wenn sich nicht nur das Kind, sondern auch der Erwachsene am Spielgeschehen beteiligt. Hier handelt es sich vorwiegend um Gruppenspiele, in denen neben der allgemeinen Geschicklichkeit, Sprungkraft und Ausdauer, ebenso auch das Miteinander-Spielen geübt werden. Jeder Erwachsene kann sich hieraus Anregungen für seine Arbeit mit dem Kind holen.

Übungsvorschläge:

— Zwei Erwachsene bzw. auch Kinder halten ein großes Seil an den Enden. Das Kind springt mit beiden Füßen oder auch im Laufsprung über diese quer gespannte Schnur. Es können auch mehrere Seile hintereinander gehalten werden, so daß eine „Sprungstraße" entsteht.

— Ein langes Seil wird von zwei Personen geschwungen. Das Kind muß selbst ausprobieren, wie es über dieses Seil springen bzw. unter diesem hindurchlaufen kann (wird das Seil zur Person hin geschwungen, muß unter diesem hindurchgelaufen werden; das Seil wird übersprungen, wenn es von dem Kind weggeschlagen wird).

Sollte das Kind Angst verspüren, kann es vorher versuchen, über hin- und herpendelnde Seile, eine bewegliche „Seilschlange“ oder auch rollende Hindernisse, z. B. Bälle, zu springen.

— Es wird ein Reifen gedreht. Sobald er über dem Boden trudelt, springt das Kind ständig in den Reifen hinein und wieder heraus.

— Das Kind schwingt sein Sprungseil und springt mit geschlossenen Füßen über das Seil. Dabei kann es das Seil von hinten nach vorne, bzw. auch von vorne nach hinten schlagen. Es kann danach versuchen, im Wechsel mit dem rechten und linken Bein zu springen (Laufschritt) oder auch nur auf einem Bein zu hüpfen.

— Das Kind stellt sich in einen Reifen und dreht ihn so wie ein schwingendes Seil. Dabei springt es mit beiden Füßen oder auch im Wechsel rechts/links auf der Stelle.

— Mit einem Seil oder Reifen springt das Kind in der Fortbewegung über eine Strecke. Es kann dabei über Hindernisse laufen oder auch die Richtung wechseln. Geübte Personen springen auch rückwärts, im Seitgalopp oder laufen im Kreis.

— Das Kind stellt sich einen Parcours vor, kann ihn auch aufzeichnen bzw. aufbauen und läuft bzw. springt mit dem Seil über diese Hindernisstrecke.

— Das Kind/die Kinder springen in einem Gummiband-Seil „Gummihupf“. Neben dem einfachen Hinein- und Herausspringen aus der „Seilgasse“ drehen sie sich während des Sprunges oder nehmen die Schnur mit ihrem Fuß mit, so daß sich die Gummibänder kreuzen. In der Regel erreichen sie eine hohe technische Fertigkeit und Kunstform. Wenn das Band ständig höher geschoben wird, müssen sie schon eine starke Sprungkraft besitzen.

Die hier vorgeschlagene Spielform wurde von den spielenden Kindern abgeschaut:

Peter Alexander

Man hüpft in die Mitte und
singt: „Peter Alexander“ hüpft
breit (Beine auseinander)
und singt: „Beine auseinander“
hüpft Mitte: „Beine wieder zam“
hüpft Seite, Seite, Mitte, raus
und singt: „Und du bist dran“

— Zwei Personen schlagen ein langes Seil. Dem Kind, das in der Mitte springt, wird ein Ball zugeworfen, den es, während es ständig weiterfedert, wieder zurückwerfen muß.

— Ein Kind springt in der Mitte des Seiles auf folgenden Sprechgesang:

Teddybär, Teddybär dreh' dich um,
Teddybär, Teddybär mach' dich krumm,
Teddybär, Teddybär zeig' deinen Fuß,
Teddybär, Teddybär mach' einen Gruß!
Teddybär, sag' wie alt bist du?
Eins, zwei, drei, vier, fünf . . .

Das Kind führt während des Springens die zum Text passenden Bewegungen aus: Eine halbe Drehung — in die Hocke gehen — einen Fuß ausstrecken — grüßen — solange im Schlußsprung im Seil federn, bis das Lebensalter erreicht ist, dann aus dem Seil laufen.

— Ein langes Seil wird geschlagen. In dem Seil versuchen die Kinder, paarweise zu springen. Es können auch mehrere Personen gemeinsam im Seil hüpfen. Besonders schwierig ist es, wenn die Kinder nacheinander in das Seil hineinlaufen bzw. sich wieder entfernen.

— Jeweils zwei Kinder springen gemeinsam in einem Sprungseil. Sie können sich gegenüber bzw. hintereinander stehen. Die Aufgabe fällt ihnen leichter, wenn erst begonnen wird zu schlagen, wenn beide gemeinsam neben dem ruhenden Seil stehen. Das Hineinlaufen in das sich drehende Seil bereitet zu Beginn meist noch Schwierigkeiten.

— Ein Kind oder mehrere Kinder springen in dem großen geschwungenen Seil. Dabei führen sie gleichzeitig eine Handlung aus: z. B. einen Hut aufsetzen, eine Jacke ausziehen, eine lange Nase zeigen, einen Luftballon fortschlagen, einen Wasserball fangen, einen großen Ball prellen . . .

— Das Kind kann bei einiger Übung in und mit dem kurzen Seil/Gymnastikseil Kunstfertigkeiten ausführen, d. h. das Tempo variieren, ständig die Richtung ändern oder auch die Schrittform. Es übt, das Seil während des Schlagens zu kreuzen oder auch in eine Hand zu nehmen, um in dem horizontal gedrehten Seil zu springen.

— Sehr geschickte Kinder springen mit dem Seil auch gerne auf federndem Untergrund, z. B. auf einer Matratze oder auf einem Trimmpolin bzw. Trampolin. Diese hohe koordinative Fertigkeit verlangt eine Dosierung von Kraft-, Raum- und Zeitmaß und wird von älteren Kindern bevorzugt.

27 Körpergeschick
Altersgruppe ab: 5 Jahre

Medien: *Rollbrett*
Rollschuhe
Pedalo

Förderschwerpunkt: *Erfahrungen mit rollenden Balanciergeräten*

Mit Eintritt in das Schulalter interessiert sich das Kind für Spielgeräte aus dem Freizeitbereich. Es hat inzwischen gelernt, seinen Körper zu beherrschen, kennt seine Funktionen und kann die Körperteile isoliert bewegen.

Es wendet sich immer mehr der Außenwelt zu. Es möchte nicht nur im häuslichen Bereich spielen, sondern sich von der gewohnten Umgebung, auch von seinen Eltern lösen. Außerdem hat es sich inzwischen andere Spielpartner gesucht, mit denen es gemeinsam spielen kann. Rollende Fortbewegungsgeräte geben dem Kind das Gefühl der Freiheit. Es wird beweglicher und vor allem schneller. Kleine Kinder haben passiv in einem Kinderwagen gesessen und so die Geschwindigkeit mehr unbewußt erfahren. Wir wissen aber, daß gerade der Fahrtwind bei schnellem Fahren oder auch Hin- und Herwerfen des Kindes mit viel Spaß verbunden ist. Das probieren sie später aktiv in einem Leiterwagen, mit einem Dreirad, Roller oder Kett-Car aus. Im Schulbereich finden wir vor allem Rollbretter und Pedalos. Bekannte Freizeitsportgeräte sind Gleitschuhe, Rollschuhe, Skateboards, Skier, Schlittschuhe und auf dem Wasser die Surf-Bretter.

Das Rollen und Gleiten sind sich ähnelnde Bewegungsformen. Das Kind lernt, aus einer Schrittbewegung in die flache Gleitlage zu kommen. Bei Rollschuhen z. B. sind die ersten

Versuche eines Kindes kleine Schritte, und es muß lernen, die Füße nicht mehr groß anzuheben, um so die Schritte weit nach vorne bzw. beim Rückwärtsfahren nach hinten ausgleiten zu lassen. Außerdem erfährt das Kind in der Natur die Anpassung an den unterschiedlichen Untergrund, z. B. ein Rollen auf Asphalt, über Pflastersteine, über Bordsteinkanten, auf Holz, festem Erdboden oder Split. Mit Gleitschuhen und Skiern muß es sich einem welligen Gelände anpassen, auf Schlittschuhen einer spiegelblanken Oberfläche, im Wasser werden Wellen und Wind in den Gleitvorgang einbezogen. Bei diesem Rollen und Gleiten hat das Kind die höchste Schwierigkeitsstufe erreicht. In die Bewegungen sind Körperwahrnehmung, Raum- und Zeitwahrnehmung, der akustische Bereich, das Verständnis für Körperlage und Körperschema sowie alle Formen der Körperkoordination einbezogen. Es wird damit deutlich, daß ein Kind erst alle o. g. Förderbereiche durchlaufen muß, bevor es mit diesen Spielgeräten ohne große Probleme umgehen kann.

Lernsituation: *Mit Rollbrett, Rollschuhen und Pedalo fahren.*

Jedes Kind erhält ein Rollbrett oder ein Paar Rollschuhe bzw. ein Pedalo. Die Kinder steigen zu Beginn noch nicht mit den Füßen auf das Gerät, sondern schieben es erst mit den Händen an. Dadurch erfahren sie die Beschaffenheit und Schnelligkeit der Geräte. Sie können an den Rädern drehen und das Material befühlen. Erst danach werden diese Geräte im Kriechen und Hocken in Bewegung gesetzt, da diese Ausgangslage dem Kind noch Sicherheit bietet. Gerade ein Rollbrett darf nicht im Stand benutzt werden, da die Gefahr des Abrutschens zu groß ist. Man gibt den Kindern anschließend Hilfsgeräte in die Hand, auf die sie sich stützen können. Mit Stäben schieben sie sich auf dem Rollbrett sitzend vorwärts, stützen sich bei den ersten Gehversuchen auf den Rollschuhen oder beim Pedalofahren auf die Stäbe. Auch Partner sind hierbei eine große Hilfe, die die Kinder halten. Erst danach werden komplexere Übungsformen ausgesucht, Zusatzgeräte werden in das Spiel einbezogen oder Hindernisse eingebaut.

Übungsvorschläge:

— Die Kinder rollen das leere Rollbrett hin und her. Schieben sie es einem Partner zu, erkennen sie, daß diese Spielgeräte eine große Geschwindigkeit haben. Das kann auch dadurch deutlich werden, daß Materialien auf das Rollbrett gelegt werden, die bei hoher Geschwindigkeit herunterfallen. Die Partner können sich in ca. 5 Meter Entfernung gegenüber sitzen. Das Brett wird sich zugeschoben. Es soll vom Partner rechtzeitig abgefangen werden. Auch die Rollschuhe werden erst zwischen den Partnern hin- und hergeschoben. Ein Pedalo ist nicht so beweglich. Man muß es häufiger anschieben und führen.

— Das Kind schiebt das Rollbrett oder Pedalo oder an jeder Hand einen Rollschuh vor oder neben sich her. Es läuft Kurven, bewegt das Spielgerät auch rückwärts und stoppt immer wieder ab.

— Das Kind liegt auf dem Bauch auf dem Rollbrett und wird von einem Partner an den Beinen bzw. Unter- oder Oberschenkel gefaßt und durch den Raum bewegt.

  Schwieriger wird es, ein Kind, das sich auf Rollschuhen oder Pedalo stützt, durch den Raum zu schieben. Meist werden nur Erwachsene die Kraft haben, das Kind zu führen. Dabei können Hindernisse oder Tunnel eingebaut werden, um die der Partner oder durch die er gerollt wird.

— Das Kind liegt in Bauchlage auf dem Rollbrett und wird von dem Partner im Kreis herumgezogen. Es ist leichter, wenn man sich an einem Stab oder an einem Seil gefaßt führen läßt. Gerade die großen Kreisbewegungen mit Hilfe des Seils führen zu einer rasanten Geschwindigkeit. Man muß sicher sein, daß das Kind auf dem Brett das Seil oder auch den Stab nicht losläßt. Diesen Versuch kann man auch mi Rollschuhen machen: Das Kind klemmt sich beide Schuhe (evtl. durch Riemen verbunden) unter das Gesäß und wird gezogen.

Bei einem Doppelpedalo kann ein Kind an einem Stab gefaßt nur nach vorne oder hinten geschoben werden.

— Die Eltern stehen rechts und links neben dem Kind, welches auf einem Rollbrett sitzt. Das Kind wird durch den Raum geschoben.

Auch bei den ersten Versuchen des Rollschuhfahrens und des Pedalotretens stützt sich das Kind auf die Schultern der Betreuer oder umklammert deren Hüften bzw. faßt sie an der Hand.

Erst danach reicht man dem Kind einen Stab, auf den es sich stützen kann. Wichtig ist die aufrechte Haltung der Kinder. Sie dürfen nicht zu sehr nach vorne oder hinten in der Hüfte abknicken. Beim Pedalofahren müsse die Knie leicht angebeugt werden. Erst danach macht das Kind seine ersten Versuche alleine. Der Erwachsene hält sich aber immer in der Nähe auf.

— Die Kinder fahren als Gruppe gemeinsam. Auf dem Rollbrett können sie sich über Stäbe verbinden. Das Gerät ist auch so groß, daß zwei Kinder gemeinsam auf dem Brett sitzen können, bzw. ein Kind sitzt, das andere kniet dahinter und hält sich an dem sitzenden Kind fest. Ebenso lassen sich auf das Rollbrett Kisten stellen, in die sich die Kinder hineinsetzen und fortbewegen.

Die Rollschuh- und Pedalofahrer fassen sich an den Händen und fahren gemeinsam nebeneinander her oder, wenn sie an den Hüften gefaßt sind, zu einer Schlange hintereinander.

Auch können sich auf diesen Geräten jeweils zwei Kinder gegenübersitzen oder -stehen, die sich in eine Richtung vorwärtsbewegen. Ein Kind fährt dann immer rückwärts, während das andere in die Vorwärtsrichtung steuert. Anschließend wird gewechselt.

— Wenn die Kinder in dieser rollenden Bewegung sicher geworden sind, kann der Untergrund verändert werden. Man überfährt nicht mehr eine glatte ebene Fläche, sondern sucht sich ein welliges Gelände oder auch kleine Hänge aus. Es wird für die Kinder schwierig sein, ihre Bewegung zu steuern, wenn sie mit Rollbrett, vor allem aber Rollschuhen und Pedalo, einen Abhang hinunterrollen. Baut man dabei noch kleine Tore ein, durch die sie hindurchfahren müssen, werden sie über ihre Leistungen besonders

stolz sein. Geübte Kinder bauen sogar kleine Sprungschanzen ein, die sie mit diesem Geräten überspringen. Den Versuch der Kinder, eine Wippe zu überfahren, sollte der Erwachsene nur unterstützen.

In geschlossenen Räumen können Teppiche oder Teppichfliesen, Bodenmatten, Holzleisten oder gespannte Schnüre solche Hindernisse bilden, über die gefahren wird oder durch die man hindurchfährt.

— Diese Geschicklichkeitsübungen alleine, zu Paaren oder in einer Gruppe lassen sich zu Wettkampfformen zusammenbauen. Die Kinder finden sich zu einem „Staffellauf" zusammen mit folgenden Übungen: Eine Hindernisstrecke umfahren, auf Schnelligkeit eine Strecke überwinden oder bei diesem Rollen noch Geräte balancieren, die entweder am Ende der Strecke in Behälter geworfen oder wieder dem nächsten Partner übergeben werden. Die Gruppen umfahren z. B. auf dem Boden liegende Steine, sie können dabei einen Becher mit Wasser transportieren, oder sie balancieren beim Fahren einen Tennisring auf dem Kopf. Ebenso können Bälle oder Luftballons geschlagen oder geprellt werden, die man am Ende der Strecke in eine Tonne wirft bzw. dem gegenüberstehenden Partner übergeben muß. Die Kinder üben gleichermaßen, rechtzeitig abzustoppen, wenn sie z. B. von einer bestimmten Markierung aus den Ball in einen Behälter werfen oder ein Ziel treffen müssen.

Interessant ist für sie auch die Staffelform, wo einmal Geräte erst aufgestellt werden müssen, z. B. Keulen in einer Reihe oder Steine bzw. kleine Schachteln, während der nächste der Gruppe diese Geräte alle wieder einsammelt, sie dem Dritten übergibt, der diese Geräte wieder aufbaut usw. Die meisten Anregungen werden von den Kindern selbst kommen. Man beobachtet sie beim Spielen, greift deren Ideen auf und entwickelt aus diesen anregende Übungsformen.

28 Körpergeschick
Altersgruppe ab: 6 Jahre

Medien: *Bank*
3 Schachteln
Ball
Luftballon
2 Sportkreisel/Wippe
Röhre/Tonne

Förderschwerpunkt: *Bewegungsanpassung an Geräten*
Partnerschaftlich Handeln

Aus der Fülle von Übungsaufgaben können Bewegungsbahnen zusammengebaut werden, die alle Förderbereiche ansprechen. Wenn die Kinder ihre Erfahrungen im Bereich der Körperwahrnehmung und in den einzelnen Förderbereichen der Bewegungsgeschicklichkeit gemacht haben, kann der Erzieher immer komplexere Aufgaben heraussuchen. Organisatorisch lassen sich diese u. a. gut in Form eines Circuits, also eines Kreisbetriebes, zusammenbauen. Ohne Anweisung der Erwachsenen üben die Kinder selbständig an den einzelnen „Stationen", wobei der Erzieher zu Beginn die einzelnen Aufgaben erläutert, jedoch anschließend in den Hintergrund tritt. Es ist darauf zu achten, daß die jeweiligen Aufgaben nicht zu stark leistungsorientiert sind, sondern die Freude an der Bewegung erhalten bleibt. Dadurch, daß die einzelnen Geschicklichkeitsstationen nacheinander absolviert werden, entstehen keine Pausen, es sei denn, der Übungsleiter plant diese bewußt ein. Die Kinder lieben es, von Station zu Station zu wandern, und messen sich in einem individuellen Wettkampf. Die Übungsaufgaben sollen abwechslungsreich und nicht zu monoton sein.

Es ist wenig interessant für die Kinder, alleine zu üben. Sie sollen lernen, partnerschaftlich miteinander umzugehen. Aus diesem Grunde gibt man einem Circuit zu Paaren oder auch einem Circuit zu dritt (Kesselmann) den Vorzug. Der folgende Paar-Circuit ist nur ein Vorschlag. Die Übungsaufgaben können und sollen abgewandelt werden. Man nimmt andere Geräte, stellt eine andere Station vor — wobei darauf zu achten ist, daß nicht ähnliche Körperfunktionen geübt werden wie bei der Station vorher, — und kann die Übungen auch zu drei oder mehreren Personen an einer Station ausführen.

Lernsituation: *Circuit zu Paaren.*

Die Kinder sollen mit den im Circuit ausgewählten Übungen vertraut sein, so daß nicht mehr lange Erklärungen notwendig sind. Da zu Paaren geübt wird, finden sich entweder gleichstarke Partner oder aber ein bewegungssicheres Kind mit einem schwächeren zusammen. Der Erzieher baut die Stationen vorher auf, schreibt die entsprechenden Stationsnummern an die jeweiligen Stationen und erklärt der ganzen Gruppe jede einzelne Übungsaufgabe. Diese kann von ihm bzw. den Kindern vorgemacht werden. Älteren Kindern gibt man die Stationsbeschreibung — evtl. mit zusätzlicher Zeichnung — in die Hand. Sie versuchen, die Übungsaufgabe selbst herauszufinden. Der folgende Circuit ist für 10 Kinder gedacht, die an 5 Stationen zu Paaren üben. Je nach Anzahl der Kinder werden die Stationen verringert bzw. noch weitere hinzugenommen.

Nach den Erklärungen der einzelnen Stationen steht jeweils ein Paar an einer Station und beginnt auf ein Zeichen. Nach ca. 3 Minuten wird im Uhrzeigersinn zur nächsten Station gewechselt, an der wiederum ca. 3 Minuten geübt wird. Die Kinder durchlaufen alle

Stationen. Hat es ihnen Spaß gemacht, kann der Circuit noch einmal wiederholt werden. Es ist sinnvoll, zwischen den einzelnen Stationen Pausen einzuplanen. Die Kinder sitzen/liegen nach der ersten Übungsaufgabe vor der nächsten Station und entspannen sich für ca. 2 Minuten. Bezieht man bei diese Stationsbetrieb Musik ein — für die Pausen beruhigende Musik, für das Üben in den Stationen lebhafte Rhythmen — wird der Übungseifer der Kinder verstärkt. Der Übungsleiter braucht dann nicht mehr den Wechsel zwischen Station zu Station anzugeben. Allein die unterschiedliche Musik lenkt die Kinder.

Übungsvorschlag:

— Station 1

Die Paare stehen sich an den Bankenden gegenüber. Auf der Bank liegt eine Schachtel als Hindernis. Die Kinder überqueren die Bank in Längsrichtung, versuchen aneinander vorbeizukommen und auf die andere Seite zu wechseln. (Es können weitere Hindernisse eingebaut werden.)

— Station 2

Ein Kind hat eine Schachtel auf dem Rücken befestigt. Der Partner bemüht sich, den Ball in den Karton/Korb zu werfen. Dadurch, daß das Kind mit dem Karton in einem begrenzten Raum hin- und herhüpft, wird der Ball nicht ohne weiteres in den Behälter fallen. Ist der Ball im Korb, wird gewechselt.

— Station 3

Die Partner klemmen sich einen großen Ballon/Ball zwischen ihre Körper. Er wird über eine kleine Strecke getragen, ohne daß er verlorengeht. Als weitere Motivation können kleine Hindernisse eingebaut werden.

— Station 4

Eine Röhre/offene Tonne/Teppichrolle liegt auf dem Boden. Von beiden Seiten kriechen die Kleinen gleichzeitig aneinander vorbei durch diese Rolle. Bei einiger Erfahrung und Sicherheit kann ein älteres Kind hineinkriechen. Der Partner steht außen daneben, dreht das Rohr vorsichtig um und läßt das Kind auf der anderen Seite heraussteigen. Anschließend wird gewechselt.

— Station 5

Die Kinder stehen sich auf einem Sportkreisel/Wippe an den Händen angefaßt gegenüber und versuchen, ohne daß sie herunterfallen, die Position zu wechseln.

Da ist doch etwas nicht in Ordnung?

(Möglichkeiten zur Beobachtung des kindlichen Verhaltens)

Eltern und Erzieher verfolgen ein Kind in seinem Tagesablauf. Sie sind ständig in seiner Nähe und haben einen starken emotionalen Bezug zu ihm. Dabei werden die Bewegungsäußerungen, seine Gestik und Mimik und die Sprache meist nur unbewußt genau registriert. An der Art der Bewegungsausführung und sprachlichen Ausdrucksformen zeigt sich der Grad der Entwicklung des Kindes. Ein Vergleich mit anderen Kindern wird von den Eltern gerne angestellt. Dabei orientieren sie sich in der Regel an dem Fertigkeitsniveau, das über die Grobmotorik besonders augenscheinlich wird, so z. B., ob das eigene Kind eher kriechen, stehen oder laufen kann als das benachbarte. Die Entwicklung eines Kindes bezieht jedoch nicht nur die motorischen Bereiche des Gesamtkörpers, sondern auch seine Wahrnehmungsfähigkeit im optischen, akustischen und taktilen Bereich, sein Handgeschick und sein Sozialverhalten mit ein.

Sogenannte Entwicklungsgitter (Kiphard, Ohlmeier) geben den Eltern einen Anhaltspunkt über den altersadäquaten Verlauf. Sie sind eine Orientierung für die Erziehungspersonen, die sich unsicher fühlen, ob ihr Kind auch auf allen Gebieten die nötige Betreuung und Anregung erfährt. Das Spielverhalten der Kinder kann in einigen Fällen jedoch auch von der Norm abweichen. Manche Kinder benötigen besonders intensive Betreuung und Zuwendung, andere wiederum sind überhaupt nicht zu bremsen. Auch kann es passieren, daß Kinder überstarke Ängste zeigen und nicht zu bewegen sind, auf Geräte hinaufzusteigen, geschweige denn an Geräten zu schwingen.

Probleme kann auch das gemeinsame Spiel machen, das bei Kleinkindern an die Eltern fixiert ist und mit zunehmenden Alter an gleichaltrigen Partnern orientiert sein sollte. Manche Kinder zeigen sogenannte ,,Verlustängste''. Sie möchten sich nicht von der Bezugsperson lösen und sind nicht bereit, sich wenige Schritte von diesen zu entfernen. Ebenso kann ein Spiel in der Gleichaltrigengruppe starke soziale Verhaltensauffälligkeiten erkennen lassen. Bei Schuleintritt sollte jedes Kind in einem überschaubaren zeitlichen Rahmen in einer gleichaltrigen Gruppe ohne größere Konflikte spielen können. Je früher die Eltern und Erzieher Auffälligkeiten im Spielverhalten erkennen, desto eher ist es möglich, einem Kind über gezielte Maßnahmen eine Betreuung zuteil werden zu lassen.

Es ist eine höchst wichtige Aufgabe der Eltern und Erzieher, den Kindern ein ausreichendes Spiel- und Bewegungsangebot zu bieten. Sie haben darauf zu achten, daß die Kinder in allen Bereichen der Bewegung und Wahrnehmung gefördert werden. Dabei ist der gesamte Körper einbezogen. Die Übungen beschränken sich nicht nur auf Kopf und Hand. Solche Lernsituationen finden sich bereits im Säuglingsalter und sind nicht nur auf den engen Wohnraum beschränkt. Die gemeinsamen Erfahrungen in der Natur sind gerade für unsere an den Fernseher bzw. Bildschirm fixierten Kinder von großem Erlebniswert.

Beobachten bedeutet nicht, daß Eltern und Erzieher jegliche von der Norm abweichende Regung des Kindes registrieren und in dieser bereits eine Störung sehen. Das Bewußtsein der Auffälligkeiten im Bewegungs- und Wahrnehmungsverhalten muß wachgerufen werden. Dazu sollen die folgenden Punkte dienen:

1. Reagiert das Kind auf Berührung?

Der Säugling und das Kleinkind sollen auf eine Berührung hin in jedem Fall eine Reaktion zeigen. Diese kann bereits einen unterschiedlichen Ausdruck haben, wenn das Kind mit gegensätzlichen Materialien wie kalt und warm, hart und weich, spitz und glatt berührt wird. Zeigt das Kind überhaupt keine Reaktion, muß dieses Verhalten als auffällig bezeichnet werden. Es ist auch darauf zu achten, daß die Berührungsempfindungen nicht nur an den Händen oder im Gesicht ausgelöst werden, sondern am ganzen Körper, damit der Erzieher beobachten kann, ob diese Reize in allen Körperzonen erspürt werden können.

2. Reagiert das Kind auf akustische, optische und Geruchssignale?

Bei vielen Übungen muß das Kind auf ein Signal hören. Es hat dabei den Kopf in Richtung der Geräuschquelle zu wenden oder muß auf diese zugehen. Ebenso lenkt es den Kopf in Richtung einer Lichtquelle oder bewegt sich auf diese zu. In irgendeiner Form reagiert es auf Zurufen und auch auf ein geflüstertes Wort. Vertrauten Personen geht es entgegen oder zeigt zumindest eine veränderte mimische oder gestische Reaktion. Es ist darauf zu achten, daß die Kinder diese Signale verständlich äußern.

3. Reagiert das Kind auf Ereignisse in der Ferne?

Die Reaktion auf optische Signale in der Nähe muß nach dem 3. Lebensmonat auch auf eine immer größer werdende Distanz hin kontrolliert werden. Befindet sich der Säugling auf dem Arm der Eltern, kann sich eine Bezugsperson auch in einiger Entfernung des Raumes aufhalten. Sie sollte sich nur über Bewegungen bemerkbar machen und beobachten, ob das Kind sich für sie interessiert. Je älter die Kinder sind, desto weiter kann dieser Raum ausgedehnt werden. Kleinkinder sollten einen sich entfernenden Gegenstand, z. B. einen Ball, mit den Augen verfolgen und sich bewegende Personen bzw. Gegenstände auf der gegenüberliegenden Straßenseite erkennen.

4. Kann das Kind sich gut koordiniert bewegen?

Kleinkinder kriechen geschickt auf allen vieren durch den Raum. Dabei setzen sie Hände und Füße überkreuz koordiniert und in der Regel mit Belastung der ganzen Hand- und Knie- bzw. Schienenbeinflächen auf. Es ist darauf zu achten, daß das Gewicht nicht *andauernd* auf eine Seite verlagert ist oder die Hände ständig zu Fäusten geballt werden. Haben die Kinder das Laufen sicher erlernt, wird dieser Bewegungsablauf zunehmend rhythmischer. Der Gang ist dann nicht mehr trudelnd, und das Kind sollte selten stolpern. Beim Purzelbaumschlagen sollen Kinder im Grundschulalter diese Bewegung im allgemeinen gerade über die Körperlängsachse ausführen und nicht regelmäßig zu einer Seite kippen. Auch beim Klettern und Steigen werden Hände und Füße gleichermaßen kraftvoll eingesetzt.

5. Kann das Kind gut balancieren?

Das Kleinkind sollte auf einer breiten Bank ohne Angst gehen können. Mit Eintritt in das Schulalter wird diese Balancierfläche, z. B. durch Herumdrehen einer Turnbank, schmaler werden. Es ist darauf zu achten, daß das Kind nicht bei jedem Schritt von diesem Gerät herabtritt und beim Gehen nicht immer auf eine Seite fällt. Hierbei spielt auch die Konzentrationsfähigkeit der Kinder eine Rolle, d. h. das Kind muß immerhin eine Banklänge durchhalten und diese ohne Probleme überwinden.

6. Kann das Kind sich konzentrieren?

Die Aufmerksamkeit des Kindes sollte bei jeder neuen Aufgabe auf die betreuende Person bzw. das jeweilige Arbeitsmaterial gerichtet sein. Je jünger das Kind ist, desto kürzer ist die Zeitspanne der Konzentration. Im Kleinkindalter muß sich das Kind über einen Zeitraum von 15 Minuten (ab 3 Jahren) bis 30 Minuten (ab 5 Jahren) alleine ausdauernd beschäftigen können. Voraussetzung ist jedoch, daß das Übungsmaterial so großen Anklang findet, daß das Kind dazu auch bereit ist. Situationen, die Konzentration und Behutsamkeit fördern, wie das Ertasten von Materialien und Formen, das Zeichnen und Balancieren u. ä. m. können als Beobachtungsverfahren dienen. Auch ein behutsames Tragen und Balancieren von Gegenständen sollte so stark motivieren, daß die Kinder die geforderte Konzentration einhalten.

7. Kann das Kind sich sprachlich äußern?

Schon ein Kind in den ersten Lebensmonaten gibt durch Lautäußerungen seinen Willen kund. Es soll auf Gerät und Personen deuten und anzeigen, daß es etwas haben will. Ein Kleinkind mit einem Jahr muß der Bezugsperson klar machen, mit welchen Gegenständen es spielen will bzw. daß und wie es sich im Freien aufhalten möchte. Das Gruppenverhalten wird ab dem 2. Lebensjahr aufgebaut. Auch hier muß das Kind seine Bedürfnisse gegenüber einem Partner äußern und auch durchsetzen können.

8. Kann das Kind gemeinsam spielen?

Jedes Kind hat ein Bedürfnis, sich zu bewegen und auch zu spielen. Eltern dürfen das Kind in seiner Tätigkeit nicht alle paar Minuten unterbrechen. Das Kind muß lernen, alleine zu spielen und in dieses Spiel nach seinem Willen die Bezugspersonen einzubeziehen. Dabei darf es sich allerdings auch nicht ständig mit sich selbst beschäftigen oder auch nicht andauernd die Bezugsperson um sich herum haben wollen. Mit zunehmenden Alter möchte es in einer Gruppe spielen. Mit Eintritt in das Kindergarten- bzw. Schulalter hält sich das Kind mit Vorliebe in Kleingruppen auf, deren Zusammensetzung jedoch noch wechseln kann. Es ist darauf zu achten, daß das Kind kein Einzelgänger ist, sondern diese Bezüge auf- und mit höherem Lebensalter weiter ausbaut.

Filmangebote

IWF = Institut für den Wissenschaftlichen Film, Nonnenstieg 72, 37075 Göttingen
FWU = Institut für Film und Bild in Wissenschaft und Unterricht, Bavaria-Film-Platz 3, 82031 Grünwald
vml = verlag modernes lernen, Hohe Straße 39, 44139 Dortmund
Leb = Bundesvereinigung Lebenshilfe, Postfach 70 11 63, 35020 Marburg

---

Früherkennen – Vorsorgen – Heilen
Fehlentwicklungen im Säuglings- und Kindesalter
FWU Bestell-Nr. 4200316 (1972; 27 Min.; 16mm; sw; VHS)

Frühförderung
1. Frühförderung in Hessen (45 Min.)
2. Interdisziplinäre Frühförderung (36 Min.)
3. Und das soll Therapie sein? (45 Min.)
Leb Bestell-Nr. 178 (126 Min.; VHS)

Sensomotorische Entwicklungsdiagnostik und Übungstherapie
Körpermotorik, Hand- und Fingermotorik, Schreibmotorik, Augenmotorik, Optische Wahrnehmung, Optische Wahrnehmung II, Tastwahrnehmung, Akustische Wahrnehmung
vml Bestell-Nr. 6101 (1973; 64 Min.; VHS)

Der Pertra-Spielsatz
Einsatzmöglichkeiten in der Beschäftigungstherapie – Pädiatrie
vml Bestell-Nr. 6102 (1984; 35 Min.; VHS)

Wahrnehmungsschulung durch Bewegung
(Programm für das Entwicklungsalter von 3-8 Jahren)
vml Bestell-Nr. 6100 (1983; 60 Min.; VHS)

Trampolin und Airtramp in der Therapie
vml Bestell-Nr. 6103 (1985; 30 Min.; VHS)

Bewegungstherapie mit geistig Behinderten
vml Bestell-Nr. 6104 (1986; 120 Min.; sw; VHS)

Schwungtuch-Spiele
Psychomotorik im Grundschulsport
vml Bestell-Nr. 9300 (1995; 21 Min.; VHS)

Gesundheit durch Körpererfahrung
FWU Bestell-Nr. 3210114 (1991; 15 Min.; 16mm; VHS)

Kinder, Glotze und Computer
Vorschläge zum Umgang mit Medien
FWU Bestell-Nr. 3210345 (1995; 15 Min.; 16mm; VHS)

Allergien
FWU Bestell-Nr. 1003171 (1993; Dias)

Psychomotorische Übungsgeräte

GICO-Spielwaren-Vertrieb GmbH; An der Weide 16, 89604 Allmendingen

Naef AG Spielzeug; CH-4314 Zeinigen

Lehrmittelhaus E.D. Riedel; Unter den Linden 15, 72762 Reutlingen

Wehrfritz GmbH; Postfach 1107, 96476 Rodach

Spielzeuggarten, Sport – Therapie – Musik; H. Staneker; Karl-Brennenstuhl-Str. 14, 72074 Tübingen

Psychomotorische Materialien, Spiele, Bücher; Gabi Seidl-Jerschabek; Postfach 135, 61449 Steinbach/Ts.

Holz-Hoerz; Lichtensteinstraße 50, Postfach 1103, 72525 Münsingen

Firma K.-H. Schäfer; Großer Kamp 6-8, 32791 Lage-Heiden

Sport-Thieme; 38367 Grasleben

Loquito-Meckel, Fabrik für Spielgeräte und Sicherheitssysteme; 57399 Kirchhundem 4

Richter Spielgeräte GmbH; 56841 Trabon-Trarbach